ハイデッガーとギリシア悲劇

秋富克哉

学術選書 111

京都大学学術出版会
KYOTO UNIVERSITY PRESS

凡例

・原文の表題や章題および引用文中の（　）は、もともと原文に含まれているものである。それ以外の地の文での（　）は、すべて筆者による言い換えや補足説明である。

・表題や術語および引用中文において、原文に由来する右記の（　）との混同を避けるため、［　］を用いた箇所があるが、これらはすべて、同義語・類義語および意味の補足として筆者が付したものである。

・ギリシア語の術語をカタカナ表記するときは、その語の意味を丸括弧内に記した。

・引用の表記や文献の記号は、巻末の「文献表」を参照されたい。

・原文でイタリック体や隔字体による強調語は、引用文中傍点を付した。ただし、原語を補足する場合、見やすさのため、強調表記にはしなかった。〔…〕は、筆者による省略を示す。

・引用が原文で複数行にまたがる場合は、改行箇所に／を入れた。

・ハイデッガーは、形而上学的に解されたSein「存在」と区別するため、「存在」それ自体を表す試みとして、ドイツ語の古い形Seynを、特に覚書き集等で用いている。表記の区別がどこまで厳密になされているか疑問であるが、本書では、Sein「存在」との区別のため、「存在《あり》」とした。

Heideggers Denken ist unerschöpflich.

—— Hartmut Buchner（1927-2004）

「ハイデッガーの思索は汲めども尽きない」

ハルトムート・ブフナー

ハイデッガーとギリシア悲劇◉目　次

凡　例　i

序……問題の所在
　　——なぜギリシア悲劇なのか……1

第1章……歴史、運命、悲劇……11
1　原初と歴史への問い……11
2　『存在と時間』への遡源……16
3　「黒表紙のノート」における「悲劇」の所在……24

第2章……アイスキュロス解釈
　　——『縛られたプロメテウス』……31
1　アイスキュロスの悲劇作品……31
2　原初としてのプロメテウス——「黒表紙のノート」における……32
3　知（学問）と運命——「ドイツの大学の自己主張」における……37
4　火と技術（テクネー）と真理——『省慮』における……45

5　悲劇のさらなる問いへ……52

第3章……ソポクレス解釈（一）『オイディプス王』……55
1　ソポクレスへの積極的接近……55
2　言葉の本質……57
（一）「快き青さのなかに……」……57
（二）言葉の危険性……60
3　存在と仮象……64
（一）ピュシス、アレーテイア、ドクサ……64
（二）半神としてのオイディプス？……67
（三）仮象の悲劇……75
4　残される問題……79

第4章……ソポクレス解釈（二）『アンティゴネ』……83
1　『アンティゴネ』へ……83
2　人間本質への問い――『形而上学入門』……85

（一）存在と思索……85
（二）合唱歌の導入……87
（三）最も無気味なものとしての人間……92
3　アンティゴネの本質――ヘルダーリン「イスター」の解釈……99
（一）河流の本質……99
（二）作品への踏み込み……102
（三）存在としての竈……109
（四）生と死の対向性……112
第5章……ディオニュソスをめぐって……119
1　ハイデッガーにおける「神」……119
2　酒神ディオニュソス……122
3　半神ディオニュソス――神と人間との「間」……129
4　仮面の神ディオニュソス……139
5　祝祭と悲劇……142

第6章……ニーチェにおける「悲劇」……149
1 ニーチェとの対決のなかで……149
2 「力への意志」と悲劇……152
(一) 芸術としての力への意志……152
(二) 「アポロン的なもの」と「ディオニュソス的なもの」……156
(三) 芸術と真理……159
3 「永劫回帰」と悲劇……162
(一) 悲劇としての「永劫回帰」思想……162
(二) 悲劇作品としての『ツァラトゥストラ』……168
(三) 神と世界への問いかけ……174
(四) ニーチェに対する断定と揺れ……178
第7章……存在の問いと「悲劇」
——歴史的運命としてのニヒリズム……185
1 ヘルダーリンとニーチェ……185

2　存在の悲劇性と存在の歴史……194
（一）没落と移行の受け止め直し……194
（二）歴史的運命としてのニヒリズム……200

結　問題の射程
——改めて、今なぜギリシア悲劇なのか……209

あとがき……217
注……223
文献表……237
索引（人名／事項）

序……問題の所在——なぜギリシア悲劇なのか

マルティン・ハイデッガー（一八八九～一九七六）の思索の源泉が古代ギリシア世界にあったことは、広く知られた事実である。未完の主著『存在と時間［有と時］』（一九二七年）を特徴づけるのは、プラトン（前四二七～前三四七）とアリストテレス（前三八四～前三二二）両哲学の独創的な摂取であるし、一九三〇年代以降はさらに彼ら以前へ遡り、アナクシマンドロス（前六一〇頃～前五四〇頃）、ヘラクレイトス（前五〇〇頃）、パルメニデス（前五一五頃～前四五〇頃）の三者が「原初的な思索者たち」と呼ばれ、彼らへの取り組みが強められてゆく。すなわち、彼らの遺した断片的な言葉の数々が、著作や講義の主題になるだけでなく、随所で、しかも決定的な文脈で、縦横無尽に取り上げられるようになるのである。

しかし、ハイデッガーの関心を惹いたのは、狭義の哲学者だけではなかった。ホメロス（前七五〇頃）にピンダロス（前五一八頃～前四三八頃）、そして悲劇詩人のアイスキュロス（前五二五／四～前四五六）とソポクレス（前四九六／五頃～前四〇六）、とりわけソポクレスが、さまざまな仕方で思索の

道筋に姿を現わすことになる。(1)

哲学者のギリシア悲劇論と聞けば、すぐにアリストテレスの『詩学』やニーチェ(一八四四〜一九〇〇)の『悲劇の誕生』が思い浮かぶし、さらにヘーゲル(一七七〇〜一八三一)やシェリング(一七七五〜一八五四)、より近くではベンヤミン(一八九二〜一九四〇)やヴェイユ(一九〇九〜一九四三)の名前を挙げることも困難ではない。個々の思想家によって取り上げ方は異なるにせよ、ギリシア悲劇がさまざまなモチーフによって哲学的思索を鼓舞してきたことは、紛れもない事実である。特に「自由と必然(運命)」という、哲学の根本的な主題が、ギリシア神話から取ってこられた題材のもと神々と人間の関わりを通して、あるいは人間の理不尽な運命を通して活き活きと描き出されていることは、ギリシア悲劇が哲学の汲み尽くせない源泉でありうることを強く物語っている。

それでは、ハイデッガーにおいてはどうだろうか。たしかに、彼が特定の作品を主題化することはなかった。しかし、アイスキュロスの『縛られたプロメテウス』(以下『プロメテウス』と略記)からの断片的な抜粋に、われわれはハイデッガーの思索の決定的なモチーフを読み取りうるし、一九三〇年代半ば以降思索的対話の相手となる詩人ヘルダーリン(一七七〇〜一八四三)を通して、ソポクレスの作品中の言葉やヘルダーリン自身による解釈がハイデッガーに光を投げかけたことは、紛れもない事実である。とりわけソポクレスの代表作、と言うよりはギリシア悲劇全体を代表するとも言うべき『オイディプス王』と『アンティゴネ』に対しては、ハイデッガーに独自な接近が試みられてもいる。もっとも、それらでさえも作品の全体を扱ったものでないとなれば、ハイデッガーに固有な事情が改めて問題になるであろう。

ハイデッガーにおいてギリシア悲劇への言及が見出せるようになるのは、一九三〇年代初めのことである。それは、右で触れように、ヘルダーリンの詩作への本格的な取り組みが、そして同時に、原初的な思索者たちについての積極的な考察が展開し始める時期と重なっている。ヘルダーリン自身がソポクレスに大きな関心を寄せて右の二作品について翻訳と注解を残しているのであるから、ハイデッガーがソポクレスに比較的多く触れたとしても不思議はない。また、三大悲劇詩人の活動した時期は、アナクシマンドロスからは少し時代を下るものの、最も早いアイスキュロスがヘラクレイトスやパルメニデスと重なっており、ソポクレスと残るエウリピデス（前四八五／四頃～前四〇六）もほぼ彼らに続くことから、原初における同時代性が背景にあったことも考えられる。

しかし、もしそうであるなら、ハイデッガーのギリシア悲劇解釈は、結局ヘルダーリンや原初的な思索者たちの解釈に挿入された副次的なものにすぎないものになってしまう。そこに、ハイデッガー自身の内的な動機を見出すことはできないのだろうか。ハイデッガーにとってアイスキュロスやソポクレス、総じてギリシア悲劇は、そもそもどのような存在でありえたのだろうか。

本書の目的は、まさにこれらの問いを、ギリシア悲劇をめぐるハイデッガーの限られた発言を手がかりに、考察することである。言い換えれば、ギリシア悲劇をハイデッガーの数ある主題に添えられた一トピックで済ませるのではなく、したがって、諸作品への言及を時々の一過的なものと見なすのではなく、個々の言及をハイデッガーの思索の地盤に戻し、その背景にどのような動機や意図が働いていたのかを確認することで、彼の思索のなかでギリシア悲劇が有する意味や必然性を考察するということ、ひいてはハイデッガーの思索の道程そのものを明らかにするという趣旨である。

およそ以上のような観点から「ハイデッガーとギリシア悲劇」という主題に向かうに際し、われわれは、考察の手がかりを「黒表紙のノート」に探ることにする。二〇一四年春、一九三〇年代初めから約四〇年間にわたって書き続けられた「黒表紙のノート」全三四冊の一部が全集版三巻として公刊されたことにより、反ユダヤ主義的な言説が世界各地にセンセーションを引き起こしたことは、今なお記憶に新しい。しかし、膨大な「黒表紙のノート」で論じられるべきは、もちろん反ユダヤ主義だけではない。その後相次いで公刊がなされ、予定されていた最終巻も全集第一〇二巻として公刊された。二〇二三年春の現在、遺されたノートのほぼ全貌が明らかになりつつあるが、『存在と時間』に対するかなり早い時期の自己批判をはじめ、このノートが、従来最も問題視されてきた一九三〇年代初めから四〇年代にかけてのハイデッガーの思索を跡づけてゆくうえでも第一級の資料であることは言を俟たない。長さも様式も多様な断章から成るテクストの性格を一言で言い表すのは不可能に近いが、一つはっきり言えるのは、「黒表紙のノート」の断章群には、従来の公刊テクストには見出せないさまざまな興味深い着想や術語を含むものの他、既刊の著作や講義録のあちこちに点在している記述を相互に関連づけ、あるいは補強することで、ハイデッガーの思索における統一的な主題としての性格を明らかにしてくれるものがある、ということである。

そして、まさにそのような主題の一つとして、「ギリシア悲劇」を挙げることができる。アイスキュロスやソポクレスについての言及は、一九三三年の有名なフライブルク大学学長就任演説「ドイツの大学の自己主張」（以下「自己主張」と略記）やヘルダーリン講義等で知られてはいたが、「黒表紙のノート」には、これまで知られていたよりも早い時期の言及が含まれ、関連する興味深い洞察も見出される。それらは、他のテクストと響き合い、ギリシア悲劇に向かったハイデッガーの意図を照らし出すように思われるのである。

ところで、ギリシア悲劇を主題に取り上げるとき、合わせて浮かび上がる主題がある。「運命（Schicksal）」である。ハイデッガーは『存在と時間』での「歴史性」の分析のなか、人間存在の呼称である「現存在」の根源的な動性としての「生起（Geschehen）」を「運命」と名づけ、さらに「共同体の生起」、「民族の生起」を「歴史的運命（Geschick）」と名づけた。これらの概念は、『存在と時間』の当初目論まれていた二部構成の課題にあって、第一部の「現存在の分析論」と第二部の「存在論の歴史の解体」を繋ぐ要に位置するものである。

しかし、『存在と時間』の最初の公刊以後、残る未公刊部分を継続する試みは暗礁に乗り上げてゆく。「黒表紙のノート」が書き始められる一九三〇年代初め、すでにハイデッガーが『存在と時間』やその二年後に公刊された通称三部作、つまり『根拠の本質について』『形而上学とは何か』『カントと形而上学の問題』に疎遠さを感じていたことを、「黒表紙のノート」は明らかにした（GA94, 19）。折しも一九三三年のフライブルク大学学長就任と翌年の早期退任という大学行政の苦難と挫折を通して、おそらくは自らの現状認識の甘さ、そして歴史的現実の不条理と個の無力を徹底的に味わわされたハイデッガーは、歴史の巨大な奔流に投げ込まれた自らの運命をドイツ民族の運命と重ね合わせることになる。別言すれば、『存在と時間』で分析した「運命」では届かない歴史の力を経験したことから、この書で十分な解明がなされえなかった「共同体の生起」、「民族の生起」としての「歴史的運命」を掘り下げることが、課題として受け止められた。学知の共同体とドイツ民族の関係が改めて問い出されるとき、それは、自ずと西洋の学知の源流であるギリシア民族の世界において、プラトンやアリストテレス以前のさらなる源流に遡って、「存在の問い」を吟味することになる。このようにして、ハイデッガーの課題は、ギリシア民族のもとでの「第一の原初（Anfang）」に始まった（anfangen）こと、生起した（geschehen）ことを問い出し、その内実と射程を測ることになった。しかし、原初が蔵する可能性を問うことは同時に、当時生起しなかった、そして今なお生起していない可能的内実を、探ることに繋がってゆく。原初という歴史の由来に遡源していくことが、そこではいまだ問い出されていない事柄を思索に将来させることになるとき、それは、ドイツ民族の将来に歴史の「別の原初」

を求める着想になった。この一連の着想は、世界や人間の歴史を「存在」そのものの生起から捉える「存在の歴史（Seinsgeschichte）」、「存在」がそれ自体を人間本質のうちに送り遣わす（schicken）「存在の歴史的運命（Seinsgeschick）」の思想として、展開することになる。そしてその過程で、「運命」概念もまた受け止め直されてゆく。西洋の歴史全体を動かすものを問おうとするハイデッガーにとって、ギリシア悲劇は、人間の運命をめぐるギリシア民族の原初的詩作であった。問題は、ハイデッガーがそこから何を取り出したかである。言い換えれば、「存在の問い」にとってギリシア悲劇は何を意味するのかということである。

序論を締め括るに当たり、考察の大まかな流れを提示しておきたい。

われわれはまず、一九三〇年代初め、「黒表紙のノート」最初期の断章をもとに、当時の「運命」概念を検討する。そこには、先に触れたように『存在と時間』で独自な意味を与えられたこの語について、すでに理解の変化を認めることができる。そのため、いったん『存在と時間』に立ち帰ることになるが、この語の理解の変化を確認することは、三〇年代初めに現れ始めているギリシア悲劇への関心の思想的背景を照らし出すことになるであろう（第1章）。そのうえでわれわれは、同じノート中のアイスキュロスの『プロメテウス』への言及をもとに、同時期の他のテクストをも参照して、この作品が当時のハイデッガーにとってどのような意味を持ったかを考察する（第2章）。次いでわれわれは、ソポクレスの『オイディプス王』と『アンティゴネ』についての解釈を順次考察する（第3、

4章)。両作品に対するハイデッガーのアプローチの観点はそれぞれ異なるが、第2章以降の三つの章は、具体的な作品に定位した考察がなされるという意味で、ハイデッガーのギリシア悲劇解釈の核心部である。

一方、すでに察せられるように、三大悲劇詩人のうちハイデッガーが扱っているのは、アイスキュロス、そして主にソポクレスであり、残るエウリピデスについての言及はほとんど見出せない。したがって、既刊のテクストに基づくかぎり、ハイデッガーのエウリピデス解釈を取り出すことは困難、いなほとんど不可能でさえある。そこで続く考察では、ハイデッガーにおける神理解に関心を向ける観点から、ハイデッガーのディオニュソス解釈を取り上げたい。エウリピデスへのわずかな言及として『バッカイ［バッコスに憑かれた女たち］』があるため、そのかぎりにおいてエウリピデスの名前を並べることはできるが、もちろん無理に結びつけるという趣旨ではない(第5章)。そして、ディオニュソスという主題は自ずと、ハイデッガーが一九三〇年代半ば以降集中的に対決したニーチェとの関係に導くことになる。もっとも、ニーチェの『悲劇の誕生』を、ハイデッガーが積極的に取り上げることはなかった。「アポロン的なものとディオニュソス的なもの」という有名な対立図式も、ヘルダーリン解釈との連関で受け止められるにすぎない。そしてニーチェ解釈ということで言うなら、ハイデッガーは、永劫回帰思想を説く作品『ツァラトゥストラはこう語った』(以下『ツァラトゥストラ』と略記)を「悲劇」と受け止めた。この独自な着想のうちにも、われわれは、ハイデッガーの立場からする「ニーチェにおける「悲劇」」という主題を認めることができる(第6章)。そしてこのとき、一九三〇、四〇年代の思索を規定する「ヘルダーリンとニーチェ」を、改めてギリシア悲劇という両者の共通項から考察する道が開かれる。それは、存在それ自体を「悲劇的(tragisch)」と捉える着想にも繋がっている。ただし、「ギリシア悲劇」への言及は、一九四〇年代の前半以降ほとんど見られなくなる。このことは何を意味するだろうか。最後にこれらの問題を考察することで、『ハイデッガーとギリシア悲劇』という主題の意味と射程を総括することにしたい(第7章)。

以上、ギリシア悲劇への洞察が展開するのは、原初的な思索者たち、ヘルダーリン、ニーチェというように、一九三〇年代以降のハイデッガーによる積極的な思索的対話つまり対決が繰り広げられてくる時期である。したがって、ギリシア悲劇という主題にわれわれは、知と真理、民族と歴史、技術と政治、神々と人間、言葉と詩作など、「存在の問い」の展開を規定する本質的な主題群が映っているのを認めることができる。このような事情を踏まえて進む以下の考察は、あくまで一つのハイデッガー解釈であるが、同時に、ハイデッガーを焦点として、ギリシア悲劇という人類の偉大な知的遺産の汲み尽くせない可能性が照らし出されるのを確認する試みでもある。

第1章　歴史、運命、悲劇

1　原初と歴史への問い

公刊された「黒表紙のノート」のうち最も早期の「合図×考察（Ⅱ）と指示」には、「一九三一年一〇月」という書き込みがある。(1) 当時のハイデッガーは、『存在と時間』第一部第二篇までの発表後、未公刊部分の続行を模索しつつ、「メタ存在論」への「転回」など新しい着想をもって講義や執筆に臨んでいた。「深い退屈」や「動物」の世界の分析などが講義で取り上げられたのも、この時期である。そのようななか哲学手記スタイルの記述が始められたということは、それ自体、新たな試みに向かわせる動機ないし必然性があったことを窺わせるものである。現に全集版で約百ページを占めるこのノートの断章群には、『存在と時間』に対する自己批判とともに、従来とは異なる方向への模索が認められる。「哲学の原初と再原初（Wiederanfang）」（GA94, 7）という語が示すように、古代ギリシアにおける西洋哲学の「第一の原初」に対して「第二の原初」ないし「新しい原初」が置かれ、さらにそれは「別の原初」とも言い換えられるが、これら二つの原初とともに、双方に挟まれた歴史の全体が新たに問題になる。このノートにはまだ「存在の歴史（Seinsgeschichte）」という語こそ見られないが、ハイデッガーの「歴史（Geschichte）」理解にとって鍵となる「生起（Geschehen）」の語との連関のもと「存在の生起（Seinsgeschehnis）」（GA94, 6, 56, 64, usw.）という語が用いられており、『存在と時間』にはなかった着想が見受けられる。この辺りの事情を確認するため、冒頭に程近い断章一九を取り上げることにしたい。やや長いが、全文を引用しよう。

「今日」――この語のもとに私が理解するのは、古代における西洋哲学の原初の不可避的な力のもとで、ということであるが――哲学しなければならない者に課せられているのは、できるかぎりの不屈さと決然たる覚悟をもって、ある二重の（zwiefach）態度を自らの内で常に有効に働かせ続けることである。その態度とは、まず一つに、古代の人々に発言させること以外は何も重要でないかのように、彼らを解釈するということ（存在の問いの原初と歴史）であり、次いでもう一つとして――最初の孤独のなか「存在」が現実の働きのなかで突発してくるのに手を添えること以外は何も問題でないかのように――現存在を根拠に、最も広くかつ深く解釈しつつ問うということである（存在の問いの超克）。

とはいえ、この二重のことは一つである（一四頁を参照）――この一つのものはしかし、比類ない運命へと呼び出す召命の恩寵である。（GA94, 11-12）

ここには、歴史への新しい視座が、『存在と時間』の「二重の課題（Doppelaufgabe）」を受け止め直すように提示されており、そのなかで「運命」の語が印象的に語り出されている。「二重の課題」とは、二部構成で計画されていた『存在と時間』の二つの課題、すなわち体系的な基礎的存在論と、存在論の歴史の解体とである。第一の課題は、「現存在を時間性に向けて解釈し、時間を存在への問いの超越論的地平として開陳すること」（SZ, 39）という見出しが示すように、存在理解によって存在への通路を持つ人間存在、つまり現存在に対し、その存在理解の可能性を「時間性（Zeitlichkeit）」の上に根拠づけること、そこからさらに存在一般の理解を可能にする時間性を「とき性（Temporalität）」として規定し、その構造を分析することである。そのうえで、存在一般の理解の時間的規定性としての「とき性」が哲学の歴史を実際に統べてきたことを確証するために、カント（一七二四～一八〇四）、デカルト（一五九六～一六五〇）、アリストテレスという代表的な三者を取り上げ、各哲学における存在理解を「とき性」に向けて解体することが、第二の課題として目指された。後者の課題は、三者を対象的に扱うことから「歴史学的（historisch）」と呼ばれ、その歴史学的な有り方を可能にするものとして、現存在の「歴史性（Geschichtlichkeit）」が分析された。その過程で独自な「運命（Schicksal）」概念と「歴史的運命（Geschick）」概念が提示されることになるのだが、それは言い換えれば、二つの課題を結ぶ要に、「運命」および「歴史的運命」が位置づけられるということである。それがいかなることであるかについては次節で触れるが、予め断っておくなら、単語としてはいずれも「二重の」と訳さざるを得ない〈doppel〉と〈zwiefach〉の違いには、ドイツ語としての意味の違い以上に、ハイデッガーの思索の変化が映っている。

　上記の断章では、二つの態度を一つに結びつけるものが「比類ない運命へと呼び出す召命の恩寵」と記されていた。挙げられている二つの内実が、先の二重の課題にほぼ対応しているのは明らかだが、原初と歴史への問いの方が先に置かれていること自体、存在の問いの遂行において歴史の比重が大きくなったことを示している。何より、両者が「比類ない運命」への方向で「一つ」と言われていることに留意すべきである。この「比類なさ」には、そもそも「存在の問い」が他ならぬギリシアで生起して哲学の原初となり、その伝承が西洋精神世界の運命になったということが含まれているであろう。ただし、その運命が「比類なさ」において受け止められるとき、過去に生起したことだけでなく、「生起しないままとなり、それ以降閉ざされたこと」（GA94, 14）への眼差しが重なることになる。生起したことの唯一性と必然性は、生起しなかった可能性をともに吟味することで却って際立ってくる。この比類ない運命が「召命」と結びつけられるのは、ハイデッガーにとって、それを自覚的に引き受けることが思索者としての使命になるからであろう。それが「恩寵」と言われるのは、自らを超えたところから与えられる「善きもの」という意味が含まれているからではないか。そこには、次節で確認するように、『存在と時間』において、過去の可能性の取り戻し的反復が「遺産の伝承」と呼ばれ、それが「すべての「善きもの」」(SZ, 383) とされたことに繋がる響きが感じられる。

先の断章一九に続くのは、「われわれは、この運命がそれ自身へと育つ芽を保護する場所を見つけるために、犂で耕地を耕すだけである」か、「あるいはまた、犂が全うな道筋で引かれるよう、荒れた耕地の石や雑草を拾い集めてそこをきれいにするだけである」(GA94, 12) という断章二〇と二一である。ここには、西洋哲学の来たるべき運命に哲学者としての自らの運命を重ね合わせつつ、その運命の然るべき方向に向けて、未墾の地盤を思索によって切り開こうとする決意が認められる。「われわれ」の語の強調のもと具体的に誰が想定されているのか、ここからは直ちに明らかでないが、少なくとも比類ない運命によって自分自身と繋がれるべき他の哲学者との共同ないし連帯が予感されているであろう。

ただし、このように西洋哲学の歴史と自らの思索的課題が「比類ない運命」において重ね合わされるには、『存在と時間』の思索の自己批判、そして自己超克が遂行されなければならなかった。そのことを、いったん『存在と時間』に遡り、そこでの「運命」概念を考察することで明らかにしたい。

2 『存在と時間』への遡源

『存在と時間』によれば、われわれ人間を意味する「現存在」は、「さしあたりたいてい（zunächst und zumeist）」平均的な日常性のなか周囲世界の内部でさまざまな物や他者に関わり、しかもその関わりに没入しつつ有る。しかし、自らの存在の「究極の可能性」、現存在として有ることを不可能にする可能性、つまり「死」に向かって決意して先駆するとき、言わば行き止まりの壁に撥ね返される仕方で、自己自身の固有な存在に連れ戻される。この「先駆的決意性」は、現存在自身に本来的な実存の事実的な可能性を開示する。それは、現存在がそのつど投げ込まれている「状況」に開かれるということである。さらに、決意性がその状況のもと被投的な決意性として引き受ける可能性は、「遺産（Erbe）」と呼ばれる。なぜなら現存在は、決して自らが作り出したのではないその可能性を、まさに可能性として受け取り、伝来の事実的なものとして自分自身に伝承することで、自らに固有な可能性とするからである。そして、決意性を通してのこの遺産の伝承は、現存在を自らの有限性に向けて開き、「運命の単純さ」（SZ, 384）にもたらす。ハイデッガーが「運命」の語のもとに理解しているのは、「本来的な決意性のうちに存する根源的な現存在の生起、つまりそのうちで現存在は死に向かって自由でありつつ、遺産として相続された、にもかかわらず選び取られたある可能性のうちで、自らを自己自身に伝承するという生起」(*ibid.*) のことである。ここで術語化されている「生起」については、「伸び拡げられつつそれ自身を伸び拡げる特殊な動性」(SZ, 375) という規定が与えられているが、要は、そのつど特定の状況のうちに投げ込まれながら、そのなかで選び取った可能性に向けて自らを投げるという現存在の根本構制、つまり「被投的企投」から成る動性である。先述のように、ハイデッガーは後年まで一貫して「歴史 (Geschichte)」を「生起 (Geschehen)」と結びつけて理解するが、『存在と時間』では、時間性の構成契機である「将来」「既在性」「現在」という三つの「脱自態」の動的連関によって現存在がそのつど具体的な世界の内で存在していくこと、つまり「世界内存在」としての実存の生起を現存在の歴史性とし、そこから「世界歴史」ということも考えようとした。

ところで、右の規定から明らかなように、現存在に自己の存在を運命として知らしめるのは、自らの死である。「現存在が先駆しつつ自らの内で死に威力を振るわせるとき、現存在は死に向かって自由に開かれ、自らの有限な自由に含まれる圧倒的力 (Übermacht) のなかで自らを理解する。そして、そのつど選択を選び取ったことのうちにのみ「有る」、この有限な自由のうちで、現存在は、自己自身に委ねられていることの無力 (Ohnmacht) を引き受け、開示された状況のさまざまな偶然事を見極めるようになる」(SZ, 384)。

ここで、死への先駆において自由と運命が結びつけられていることに注意したい。運命と必然性を重ねて理解し、それを自由に対置させる考え方は広く認められるが、ここでは、むしろ運命に開かれる自由が語られている。しかも、「圧倒的（über）力」と「無（ohne）力」というように、先の被投的企投の両面が「力」という語を用いた単語で言い表されている。

現存在は、死への先駆において根本情態性としての不安の無気味さのなか単独化されて自分自身の存在に連れ戻されるとき、自己の存在の根底が徹底して死に統べられていること、つまり「死への被投性」（SZ, 251）の事実に直面する。自らの存在に「引き渡されて（überantwortet）」あることの事実性は、死において際立つ。ただし、自らの死に先駆しつつ「無のうちに投げ込まれた自己」（SZ, 277）を引き受けることとは、最も固有な自己の存在に開かれることである。有限性を受け止めつつ自らに最も本質的な存在可能性に自己を企投すること、つまり最も固有な自己を選び取ることで、可能性に開かれるという意味での自由もまた根源的なものになる。

このとき、現存在が徹底的に被投的な存在のただなかで選び取る可能性は、先に記したように、自らが投げ込まれている世界のなかで伝承されてきたものである。それは、死者をも含めすでに存在した他の現存在たちが示す可能性である。現存在は、それらの可能性のなかから選び取ったものを自己の可能性として企投する。言い換えれば、既在的な可能性を新たな世界のなかで決意して受け止め直し、その可能性に新しい意味を与えるのである。既在性のなかでのこの企投によって、現存在は自己自身になる。これこそが、現存在の本来的な既在性としての「取り戻し的反復」であり、遺産の伝承に他ならない。こうして、自己の本来的な被投的企投に基づく自由は、運命と結びつくのである。

運命は、本来的歴史性を成すものとして、現存在自身の世界を歴史的世界として開く。ただし、現存在の存在は、本質的に他者と「共に有ること」であるがゆえに、運命は、自らの存在を、他者の「共現存在」に開かれた「共存在」として開示する。単独化されて自己自身に連れ戻された現存在が開かれる事実的な可能性のなか、他者も他者として出会われ、現存在は、他者との共存在のうちに投げ入れられている自らを見出す。そして、「共存在の生起」が「歴史的運命（Geschick）」と名指される。すなわち、ハイデッガーは、「歴史的運命」のもとに「共同体の生起、つまり民族の生起」を理解し、歴史的運命に固有な生起について、「諸々の運命は、同じ世界の内に相互に共に有ることと一定の諸可能性に向かって決意的に開かれてあることのうちで、最初からすでに導かれている。それらの伝達と戦いのうちで初めて歴史的運命の力は自由になるのである」と記す（SZ, 384）。

ここには、後年顕著になるように、「共同」や「集積」を表すドイツ語接頭辞〈ge-〉に重点を置く態度が見受けられる。実際同じ文脈で、「Geschick が個々の運命から合成されないのは、相互共存在が幾人かの主体が一緒に集まって現れることとして把握され得ないのと同じである」（*ibid.*）と言われていることからすれば、ここでの〈Geschick〉には、「共同運命」などの訳語が適切かもしれない。しかし、後で触れるように、この語自体は、『存在と時間』では十分に掘り下げられず、むしろ一九三〇年代以降「存在の歴史」の思想の展開のなか、単語に含まれる「送り遣わす（schicken）」をもとに「送り遣わされたもの（Geschicktes）」にして、〈Schicken〉の「集積」、つまり〈Ge-schick〉としての

「歴史（Geschichte）」という意味を強められ、独自な術語となる。これらの事情をすべて踏まえ、ここでも「歴史的運命」という訳語を当てるが、要は、この「歴史的運命」をどのように理解するかが、以後のハイデッガーの思索を規定することになるということである。

ところで、『存在と時間』の歴史性の存在論的な分析では、運命があくまで先駆的決意性に、すなわち「死への存在」に基づくことを、明らかにするのが肝心であった。そのかぎり、具体的にどのような可能性が伝承されるかということは、直接の問題にはならない。

とはいえ、ハイデッガーにとっては、存在の問いを新たに仕上げるという可能性を受け止めることが、哲学者である自らの運命になった。「存在の問い」を西洋哲学の遺産として自らに伝承することこそが、「現にすでにあった現存在の諸可能性のうちへ帰り行くこと」（SZ, 385）であり、それが、先行する哲学的実存、具体的にはカント、デカルト、アリストテレスへの「応答（Erwidern）」である。彼らが用いた概念や論理を、各々の由来である経験に向けて解体することが、本来的な歴史性に基づく「存在の問い」の取り戻し的反復に他ならない。それは、三者それぞれの存在理解が伝統の制約に捉われていることを、その根底の規定性である「とき性」に向けて解体することで確かめ、彼らの哲学的実存としての可能性を取り戻すこと、そのようにして三者の遺産を自らに伝承することである。存在の問いの伝承とは、人間存在のうちでそもそも「有る」ということが問いになる経験を可能性として自らに引き受けること、そのような意味で反復すること、存在論の歴史の解体はそのことをこそ目指すのである。

この過程で、形而上学の歴史を特徴づける「存在の問いの忘却」は、過去の哲学者の現存在の非本来的な存在理解に、言い換えれば非本来的な既在性である「忘却」に、基づけられることになる。それは、『存在と時間』の言葉を使えば、「多かれ少なかれ表明的に掴み取られた伝統に頽落すること」(SZ, 21) である。存在の問いが過去の哲学者たちと共有されるかぎり、ハイデッガーの運命は同時に哲学的共同体の運命、つまり歴史的運命と考えられる。それは、哲学的伝統のうちで遺産を共有すべき古代ギリシア以来の西洋の諸民族の歴史的運命になるであろう。

しかしながら、右の箇所で、歴史的運命が「共同体の生起、つまり民族の生起」と言われるとき、共同体が直ちに民族と言い換えられることには、たしかに飛躍がある。この等置に疑問が投げかけられるとしても、不思議はない[2]。この提示後に民族の歴史的運命についての記述がなされていないのだからなおさらである。このことは、裏を返せば、それだけ当時のハイデッガーにとって、共存在として民族、つまり現実のドイツ民族が関心の的になっていたということでもある。しかし実際には、民族の歴史的運命が自らの哲学的立場のなかで受け止められて掘り下げられるには、今しばらくの時間と経験が必要であった。

「忘却」から「取り戻し的反復」への転換において、「先駆的決意性」ないし「死への存在」は、「現存在の歴史性の覆蔵された根拠」(SZ, 386) として、転換の要に立つ。この実存の転換の事態はさらに二年後の『形而上学とは何か』では、『存在と時間』同様に「根本気分」の「不安」を軸にしつつ、この書とは異なる新たな仕方で扱われた。すなわち、『形而上学とは何か』では、「現-存在とは、無のうちへ差し入れられて保たれてあること（Hineingehaltenheit in das Nichts）を謂う」（GA9, 115）という規定のもと、「形而上学は、現存在における根本生起である」（GA9, 122）と捉えられる。したがって、人間が現存在として有るかぎり、形而上学はいついかなるところでも生起しうるのである。

にもかかわらず形而上学が常に営まれているわけではないこと、その前提として、無を開く不安が稀にしか生起しないこと、この事実の根底には、日常的な現存在が「さしあたりたいてい」自らが死への存在であることを忘却し、存在の伝統的な被解釈性に頽落しているということがある。頽落が現存在の存在を本質的に構成するかぎり、非本来性は避けられない。そうであるなら、形而上学の歴史における存在の問いの忘却は、あらゆる現存在が投げ込まれている事実に他ならず、それ自体「哲学の運命」とでも名づけられるべきものになるであろう。しかしながら、『存在と時間』の立場に基づくかぎり、その歴史は本来的歴史性のうちにある哲学者によってのみ「運命」として受け取られ、そうして現象学的解体の対象になると考えざるを得ない。

以上、歴史性の分析は、「先駆的決意性」に基づいて、「運命」についての独自な理解を提示した。「死への存在」は、「運命」の根拠であり、かつそのことによってさらに「歴史的運命」の根拠でもある。しかし、本来性と運命との密接な連関は、同時にそのことによって、過去の哲学の歴史を非本来性として、運命それ自身から区別することになる。哲学の歴史の全体は、本来的歴史性にとってのみ歴史的運命として開示されるということである。ここには、哲学者がなお哲学の歴史を外から対象的に眺める姿勢が残っている。「歴史学的」という捉え方がそのことを語っているのは言うまでもない。そのかぎり、哲学者の運命と哲学の歴史は、もともと一つの歴史でありながら、二つに分かれてしまう。『存在と時間』の構想を成していた「二重の課題」は、緊密に連関しながら、二つの課題にならざるを得ない。二つの部に分けられた課題が並列する二つではなくて重ね合わされること、その意味で一つであることを確保するには、歴史理解の新たな立場が開かれなければならない。

　このことを別の観点から見れば、本来的な実存の生起である「運命」に対し、共同体つまり共存在の生起が「歴史的運命」と名指されるとき、『存在と時間』においては、両者の連関が十分に基礎づけられなかったということである。もちろん、ハイデッガーが歴史的運命は個々の運命の総和でないことを承知しているのは、上で引いた通りである。しかし、そうであるならなおさら、その「歴史的運命」に固有な生起の特性が考察されなければならない。新たな立場と呼んだものには、そのような要請に答えることが求められるのである。

3 「黒表紙のノート」における「悲劇」の所在

『存在と時間』の「運命」概念と「歴史的運命」概念に言及したのは、これらの主題の新たな受け止め直しが一九三〇年代以降の思索の道を導いていくと思われるからである。「原初」という思想が現れるのは、その過程である。古代ギリシアにおける「大いなる原初」(GA94, 53, 97, usw.) は、立ち戻るべき必然性とともに受け取られる。たとえば、「しかし、なぜ原初に戻るのか。それはわれわれがかつてよりもますます、しかし西洋哲学がすでに久しく、単純性と本質性と根源性とを必要としているからだ」(GA94, 52)。さらに同じ問いに対して、「われわれが軌道から投げ出されているがゆえに」(GA94, 79)。同じ断章の少し後には、「哲学の運命は徹底的に開かれたままである」(*ibid.*) という一文が続いている。「哲学の運命」と言われていることに注意したい。ここにはもはや『存在と時間』におけるような本来性と非本来性の区別はない。「存在の問いの忘却」は、現存在の非本来的な既在性に基づくものではなく、「存在の生起」から捉えられる。「再原初 (Wiederanfang)」というハイデッガーの立場も、この哲学の運命に属する。すなわち、新たな再原初を求めることに哲学の運命があるなら、その要求に応えるところに哲学者の運命がある。第一の原初に始まる歴史のなかに立ちつつ再原初つまり別の原初を準備することは、「移行 (Übergang)」である。「われわれは移行の道を建設中である――しかし、このことがわれわれの運命である」(GA94, 120)。

では、「われわれの運命」と言われる場合の「われわれ」とは誰か。「哲学」をめぐっての共同性が含意されていることは明らかだが、問題は、その哲学の立場がどこまで広げて捉えられるかである。このとき、存在の問いは、現存在の時間性から基礎づけられる「存在の意味への問い」としてではなく、それ自体が「存在の生起」と結びつく「存在の真理への問い」となっている。それは、存在の本質のなかに、真理の固有な動性が認められることでもある。「存在の本質は真理（アレーテイア）である。したがって、この真理が根拠と根源において問い出されるべきである」(GA94, 51)。

しかし、ハイデッガーは別の断章で、「われわれは、現実に迷うときにのみ、すなわち迷いへ行くときにのみ、「真理」に突き当たりうる。／全体において迷い道を行く者の深くて無気味な、すなわち同時に大いなる気分。哲学者」(GA94, 13) とも書いている。

気分と無気味さとの結びつきは、『存在と時間』の「不安」の分析を思い起こさせるが、その気分が、今や「迷い (Irre)」と結びつく。「迷い」は単に個人の過失に帰せられるものではない。迷うのはもちろん人間であるが、むしろ人間の存在、別言すれば、人間が自ら遂行すべき存在に本質的に含まれる事態として理解される。つまり、「迷い」は存在の真理の本質に属するものとして、この時期以降、独自な真理理解を規定するものになる。ハイデッガーは、「本質のうちで真理と迷いが跳躍する」(GA94, 81) とも記すが、哲学者は「真理」に向かうことで必然的に「迷い」へと突き進む。しかし、繰り返すなら、それは哲学者の過失ではない。存在の「本質現成（Wesung）」は、「存在の本質歪曲（Verwesung）」を必然的に伴う。すなわち、存在が立ち現れることには、立ち現れの場として人間存在が求められるかぎり、その人間との関わりにおいて存在がそれ自身から退き、隠れ、本質が歪められることが含まれる。ただし、存在なるものがまずあって、それが現れたり隠れたりするということではない。むしろ、立ち現れと隠れの動的全体が、その運動の場を含んで、存在ということである。それはまた、存在が生起した原初のうちに、すでに終結へ向かう可能性が含まれていることでもある。始まりと終わりが繫がることで、全体が一つの歴史として捉えられる。そして、終わりを終わりとして終結させるところに、別の始まりの可能性が見出されるのである。

こうして、原初（始まり）と終結（終わり）を含む存在の生起が「哲学の運命」に結びつき、「原初への帰り行き」が「再原初」と一つに組み合わされて新たな課題になるとき、注目したいのは、ハイデッガーの洞察が、ギリシア悲劇に向かうことである。

断章一七八を見てみよう。そこには、ギリシア語原文と「すべて大いなるものは定まりなく揺動し、嵐のなかに立つ。美しいことは困難である」という訳文の後、「後者は古い箴言（ソロンか？）である。そして、これは前者とともに、ギリシア人の全体的本質を語り出している。両者は、デイノンのうちに集められている（ソポクレスのアンティゴネを参照）」と記されている（GA94, 72）。さらに、「美しいことは、開き明け、担い、そして匿うのが困難である。この困難さが定まりない大いさを告げている」と続けた後、断章全体を、「かの箴言から、原初の気分が経験される。すなわち、本質が現前性としての存在へひそかに本質-歪曲することについての、覆蔵された深い悲しみ」という文で締め括っている（*ibid.*）。

ギリシア語原文はプラトンからで、前半の句は『国家』（四九七D）のなかのもの、この少し後一九三三年の学長就任演説「自己主張」の締め括りでも引かれる有名な文言である。後半の句もソクラテスがしばしば好んで引いた句として、『国家』他、対話篇の数箇所に認められる。(3) 今われわれに示唆的であるのは、二つの句がギリシア人の全体的本質を語り出しているとまとめられるとき、それらが『アンティゴネ』の「デイノン」に集められると言われていることである。われわれは、ハイデッガーが『アンティゴネ』の第一スタシモンの合唱歌を、一九三五年と四二年の講義で二度にわたって取り上げていること、その際ギリシア語の形容詞の「デイノン」を一貫して「無気味な（unheimlich）」と訳して考察の中心に置くことを、以前から知っている（第4章を参照）。しかし、「黒表紙のノート」の刊行により、「デイノン」への言及が右の講義よりも早い時期になされていることが知られるようになった。

「黒表紙のノート」のなかで他にソポクレスへの連関を認めうるのは、直接に名前は見出せないものの、「一九三二年秋」という記入のある「考察と合図Ⅲ」の断章五、「ドイツ人の大いさに属する究極の運命のデイノテース」（GA94, 110）という句である。「デイノテース」は「デイノン」の名詞形であるから、まさに「無気味さ（Unheimlichkeit）」に当たる。ただし、それはもはや『存在と時間』の現存在の分析論で取り出された根本情態性としての不安に伴う個的実存の「無気味さ」ではない。この句に先行する文との繋がりで言うなら、「ドイツ人の現存在の覚醒する現実性を、まずその現存在の大いさに向けて、つまり、それ自身には覆蔵され、またそれ自身を待望している現存在の大いさ——その周りには最も恐ろしい嵐がある——に向けて導くこと」（*ibid.*）というように、ドイツ人の民族的現存在と結びつけられた無気味さである。大いさと嵐との連関も先の断章と共通するが、ドイツ人の大いさが運命の語と結びつけられているように、ここでは、『存在と時間』において本来的実存の「運命」から区別されていた民族の「歴史的運命」の意味合いが表に立つように思われる。

そもそも「考察と合図Ⅲ」の断章一の始まりは、「すばらしく覚醒する民族的意志が、大いなる世界の暗闇のなかへ入りきたって立つ」（GA94, 109）という一文であり、続く断章二は、「存在の問いを問うことを、その根源性と広がりの全体において、時代の遥かな運命に形成し入れ、そうすることでドイツ人の最も秘密に満ちた民族的任務（Auftrag）を、大いなる原初へと結び返す」（*ibid.*）となっている。断章九以降は「学長職の時代から」（GA94, 111）とされているため、これらの断章の背景には、一九三三年当時の歴史的現実とそのなかでのドイツ民族の運命全体に関わる無気味さへの洞察が広がっていると見るべきであろう。

ここでもう一度先の断章一七八に戻り、「原初の気分」として「深い悲しみ」が名指されていることとも、ソポクレスとの連関で理解されることを示しておきたい。というのも、ハイデッガーはヘルダーリンの詩における「悲しみ」の語に随所で注目し、特に「ソポクレス」と題されたエピグラム（寸鉄詩）の詩句、つまり、「多くの者たちが、この上なく喜ばしいことを喜ばしく言おうとして、叶わなかった。それはついに、ここ悲しみのなかで、私に語り出される」を幾度か引いてくるからである（第5章を参照）。しかし、その気分が「深い悲しみ」として「存在の本質歪曲」と結びつけられるとき、それはギリシアの原初に始まった西洋哲学の歴史、つまり「現前性（Anwesenheit）」という「現在」優位の存在理解の歴史を規定するものとして、存在の問いの文脈で受け止められる。

こうして、哲学の運命を原初との連関で捉えるハイデッガーにとって、断片的ながらもギリシア悲劇への眼差しは、自らの直面する歴史的状況についての思索的試みと重ね合わされてゆく。しかも、ギリシア悲劇への言及で触れられるのは、ソポクレスだけではない。別の悲劇詩人アイスキュロス、より正確にはその作品『プロメテウス』についても、「黒表紙のノート」は、これまで知られていたよりも早い時期の言及を示すことになった。まずは、その第一の悲劇詩人アイスキュロスの解釈から見ていくことにしたい。

第2章 アイスキュロス解釈——『縛られたプロメテウス』

1 アイスキュロスの悲劇作品

個々の悲劇作品についてのハイデッガーの数少ない言及と解釈を取り上げるに際し、われわれはまず、アイスキュロスの『プロメテウス』をめぐるものから考察を始める。三大悲劇詩人の最初に位置するアイスキュロスの作品としては、三部作として唯一完全な形で残った「オレステイア」が代表的だが、ハイデッガーは、この三部作を主題的に取り上げてはいない[1]。一方、『プロメテウス』がアイスキュロスの真作であるかどうかについては、疑問も少なくない[2]。しかし、古典文献学的領域の問題に立ち入ることは、筆者の能力を超えており、少なくともハイデッガーは、この真偽問題に触れることなく『プロメテウス』をアイスキュロスの作品として扱っているので、われわれも以下、この前提のもとに考察を進めていく。なお、管見のかぎり、ハイデッガーのギリシア悲劇解釈を扱った先行研究は決して多くないが、とりわけこの『プロメテウス』については、扱われた事例がほとんど見出せない。しかし、『プロメテウス』に関する限られた言及を検討することで、単にこの作品にと言うだけでなく、一九三〇年代のハイデッガーの立場に接近することができるように思われる。

以下では、『プロメテウス』についての言及が見出される「黒表紙のノート」、「自己主張」、覚書き集『省慮(Besinnung)』の三つのテクストをもとに、順次プロメテウス解釈を考察する。最後に、ハイデッガーにとってのプロメテウスの位置づけについて若干のことを付け加え、本主題の射程を述べることにしたい。

2 原初としてのプロメテウス――「黒表紙のノート」における

「黒表紙のノート」において、プロメテウスの名前がアイスキュロスの名前とともに現れるのは、前章で触れたデイノンへの言及に程近い断章二一九である。その断章は、「プ、、、、ロメテウス(アイスキュロス)と哲学の原初」、「原初と世界の性起(Welteregnis)」、「世界の性起と人間的現存在」、「現存在の歴史と存在の本質歪曲(Verwesung)」(GA94, 93)というように、二つの語句を組み合わせた四つの連語が並べられただけの構成だが、各連語の後半の語が次の連語の前半に配されており、全体が一つの連関を成しているのは明らかである。ただし、それが閉じられることなく、「プロメテウス」から「存在の本質歪曲」に一方向的になっていることにも意味があると思われる。

最初に押えるべきは、プロメテウスが、ギリシア神話上の一般的な名称ではなく、アイスキュロス悲劇のプロメテウスであることである。周知のように、プロメテウスについての最古の伝承はヘシオドスの『神統記』と『仕事と日』であるが、ハイデッガーが取り上げたのは、アイスキュロス悲劇であった。この悲劇で初めて語り出されたのは、火と技術の結びつきである。[3] すなわち、ゼウスを欺き天上から火を盗み出して人間に与えたというプロメテウス神話の基本モチーフはヘシオドスに遡ることながら、技術という知の契機を導入し、人間は火から技術を学び知るということを述べたのがアイスキュロスであった。この「火と技術」というモチーフに対するハイデッガーの立場については、次節以降で考察を行うつもりだが、ここではまず、アイスキュロスのプロメテウスが哲学の原初と結びつけられていることを確認しておこう。

先述のように、ハイデッガーが原初的な思索者たちと呼ぶのは、アナクシマンドロス、ヘラクレイトス、パルメニデスの三者で、たしかに、アイスキュロスは後の二者とほぼ同時代人である。しかし、それだけで「哲学の原初」となるわけではない。この断章にもその前後にも、原初との関係を直接に示す記述はない。後で見るように、上記「火と技術」のモチーフは、プロメテウスを原初と結びつける重要な要素になるのだが、ここでは別の観点を提示することにしたい。それは、このノートと同時期、一九三二年の夏学期講義『西洋哲学の原初――アナクシマンドロスとパルメニデスの解釈』の「講義のための草稿とメモ」に、アナクシマンドロスの箴言に現れる「ディケー」との連関で『プロメテウス』が言及されていることである。

ハイデッガーは、ディケーの語を「正義」と訳して直ちに法律的・道徳的な意味で解することを戒め、「正当さ（Fug）」という訳語を与え、同じ語源の語「接合（Fuge）」との連関で捉えようとする。ハイデッガーによれば、アナクシマンドロスにおけるディケーとは、たとえば昼と夜、睡眠と覚醒、若と老、誕生と死のように、消滅と到来の交替による生成、相反する二つの事柄が接ぎ合わされることで成り立つ連関、言うなれば存在の秩序であり、その接合の正当さである。このようなディケーの例として、ハイデッガーは、『プロメテウス』の九行と三〇行のせりふに言及する。二箇所とも、プロメテウスがゼウスに背いて人間に火を与えた行為に関わるものである[4]。前者では、その行為によって神と人間との相互に接ぎ合わされるべき正当さが破られたため、元通りに接ぎ合わせることが償いとして解され、後者では、その行為が神と人間との正当さを踏み越えていることと解されている。いずれでも用いられている語はディケーだけだが、アナクシマンドロスの箴言では対立語アディキアーも用いられているから、プロメテウスの行為は接合の正当さを踏み越えた「不当さ（Unfug）」を示すものとなる。詳論は差し控えるが、ハイデッガーはこの時期以降、「正当さ」の語とともに、「接合」ないし「接合する（fügen）」を軸とする一連の関連語を導入して思索の要に据えてくる[5]。次に取り上げる学長就任演説「自己主張」でも、「遥かな［接合の］指図（Verfügung）」の語を「原初」との連関で捉えることになる。したがって、ディケーがアディキアーとの区別や境界を含めて動的に捉えられること、それが事柄の持つ接合構造において語られること、そこにアイスキュロスのプロメテウスが原初と結びつけられる一つの根拠を見出しうるであろう。

断章二一九に戻ろう。続く連語によれば、「原初」は、「世界の性起」と組み合わされる。ヘルダーリンの詩句から取り出された「性起の出来事（Ereignis）」の語は、一九三六〜三八年に書き記されて「第二の主著」とも言われる覚書き集『哲学への寄与論稿（性起から〔性起について〕）』（以下『寄与論稿』と略記）のキーワードとなるが、それよりも早く、「世界の性起」という表現で用いられていることに注目すべきである。ハイデッガーにとって原初とは、存在がその真理において、つまりギリシア的なアレーテイアにおいて立ち現れた「出来事」、およびその「時」である。それは世界が世界として開かれた決定的な「時」であるから、原初との結びつきは明らかである。そして、世界の性起は、それを受け止める「人間的現存在」を必要とする。もちろん、人間がまずあって、性起の出来事を受け止めるということではない。人間が世界内存在であるかぎり、人間がその内で現に有る世界の出来事は、本質的に人間存在を含んで成り立つ。すなわち、世界が開かれることと、人間が自らの存在に開かれることとは、同時である。そして、そこに歴史が生起する。先に触れたように、「黒表紙のノート」には「存在の生起（Seinsgeschehnis）」という表現が繰り返し用いられている。それは、「世界の生起（Weltgeschehnis）」（GA94, 94）、つまり世界の歴史と、内実的に別ではないであろう。

肝心なことは、このような存在の生起ないし世界の生起としての「歴史」に、「存在の本質歪曲」が結びついていることである。本質が何ら実体的な性質ではなく、本質を現わす、本質に成るという意味での「本質現成（Wesung）」として捉えられるかぎり、本質はそれが自らを実現しないこと、つまり歪曲の可能性との本質的な連関の内に立つ。したがってこの断章は、歪曲を可能的に含む本質、そのような本質を持つ存在の生起が原初において世界そのものの出来事になったことを語っているのである。それは、歴史的にそのつど一回的な性起が、存在の出来事として「脱（ent-）」「非（un-）」「反（gegen-）」等の接頭辞で表されるような否定性を含むと見なされることである。そして、このことこそ、この時期から存在の問いの展開で中心に置かれる「存在の真理」ないし「真理の本質」との連関を示している。というのも、真理をギリシア語の「アレーテイア」に遡って理解しようとするハイデッガーにとって、「レーテー」つまり「覆蔵性」から覆いが剥ぎ取られる動き、ないしその状態を指す「ア-レーテイア」、すなわち「非-覆蔵性」としての真理は、まさにギリシアの原初の世界経験として取り出されたものに他ならないからである。ハイデッガーの思索の努力は、実にこの「覆蔵」ないし「覆蔵性」ということとその覆いが「剥ぎ取られる」ということとの二重の否定性をどのように存在の事柄として捉えるかということに向けられるのである。

それでは、このような世界の性起から存在の本質歪曲までの全体が、プロメテウスとどのように関係するのであろうか。「黒表紙のノート」には、それを直接に語る断章は見出せない。そこで、プロメテウス理解をより明らかにするため、一九三〇年代に記された別の二つのテクストを取り上げることにする。一つは、上で触れた「自己主張」であり、もう一つは覚書き集『省慮』である。

3 知（学問）と運命——「ドイツの大学の自己主張」における

ハイデッガーのナチス加担の問題が論じられるとき常にその内実が問われて批判の矛先となってきたこの「自己主張」は、一九三三年四月、フライブルク大学学長に選出されたハイデッガーが、ドイツ民族の歴史的使命に向けて、自らの学問理念のもと大学の果たすべき役目を教員組織と学生組織に語り出した就任演説である。周知のように、一九三三年一月、ヒトラー（一八八九〜一九四五）率いるナチスつまり国民社会主義ドイツ労働者党が政権を獲得し、以後ヒトラーの独裁的な権力体制が確立していく。ハイデッガーは当初ナチスに、第一次世界大戦敗北以後の政治的・経済的混乱に苦しむ自国の再生の可能性を求め、五月には自ら党員となって、その文教政策に加わる仕方で大学改革に乗り出そうとした(6)。

ハイデッガーによれば、「ドイツの大学の自己主張とは、ドイツの大学の本質への根源的で共通の意志」(GA16, 108) であり、その意志は、「自らの国家において自己自身を知る民族としてのドイツ民族の、歴史的精神的任務への意志としての、学問への意志」(*ibid.*) である。学問とドイツの運命は、この本質意志において結びつき、現実の力にならなければならない。それは、教員組織と学生組織から成る「われわれ」が、一方では学問の本質をその最内奥の必然性に曝し、他方ではドイツの運命をその究極の窮迫において持ち堪える場合にのみ、可能となる。

そこでハイデッガーは、学問の本質を問うに際し、そもそも学知が存立すべき条件を求めて、西洋的学知の出発点、つまりギリシアにおける哲学の原初に立ち帰る。そこにおいて西洋の人間は初めて、有るものを全体において (das Seiende im Ganzen) 経験し、有るものをまさに有るものとして問うた。それ以来、すべての学問は、知ろうと知るまいと、欲しようと欲すまいと、哲学の原初に繋がれている。こうして、「学問の根源的なギリシア的本質の二つの際立った特性をわれわれの現存在に取り戻す」(GA16, 109) ことを欲してハイデッガーの引いてくるのが、『プロメテウス』のなかの一文に他ならない。「ギリシア人のもとでは、プロメテウスが最初の哲学者［知者］であるとする古い言い伝えが広まっていた」(*ibid.*)[7] という断わり書きは、前節で触れた「黒表紙のノート」での言及、つまりプロメテウスと哲学の原初との関係に重なっている。もっとも、ここで原初として引かれてくるのがなぜ三人の原初的な思索者たちのいずれかでなくてアイスキュロスのプロメテウスなのかということは問題になるが、いったんそのことは括弧に入れて、まずその内実から検討しよう。

ハイデッガーが「知の本質を語り出す箴言」(*ibid.*)として記す『プロメテウス』中のプロメテウス自身の言葉(五一四行)、日本語訳では「手練の技《テクネー》も必然《アナンケー》にくらべれば遥かに無力なのだ[8]」と訳されるものを、ハイデッガーは「知はしかし、必然性よりも遥かに無力なのだ」(*ibid.*)と訳す。そして言い換えて、「事物をめぐるいかなる知も、運命の圧倒的力に前もって引き渡されたままであり、それを前にしては言葉を失う」(*ibid.*)と記す。これが一つ目の特性だが、アイスキュロスがプロメテウスに語らせたせりふだけなら、ここまでである。すなわち、技術の力がどれだけ大きくても必然性に打ち勝つことはできないのだという、技術知の限界についての洞察と理解されよう。

ただし、プロメテウスの語を、ハイデッガーが「知と運命」という対比で受け止めていることが重要である。「テクネー」が「知(Wissen)」と訳され、「必然性」が「運命」と言い換えられるとき、これら両語の関わりが、冒頭で語られた「学問」とドイツ民族の「運命」の対比に重ね合わされているのは明らかであろう。そのうえでハイデッガーは、知のギリシア的本質の二つ目の特性を取り出す。すなわち、「そうだからこそ知は、できるかぎりの抵抗を展開しなければならない。この抵抗に対して初めて、有るものの覆蔵性の威力が丸ごと立ち現れ、知は実際に言葉を失うことになる。こうして、他ならぬ有るものが、その究め難い不変性において開かれ、知に真理を与えるのだ」(*ibid.*)。

この第二の特性に当たる内実は、もとのプロメテウスのせりふで直接に語り出されているものではない。そうであるだけに、なおさらハイデッガーの洞察が現れていると見るべきである。運命に対する自らの無力を語るとき、知はすでに運命との関係を自覚している。すなわち、知が、自らの力ではいかんともしがたい「全体における有るもの」に引き渡されているという事実である。このように展開したうえでハイデッガーは、純粋なギリシア的理論知と見なされるテオーリアを引き合いに出す。ただしハイデッガーによれば、テオーリアとは元来、それ自身のために生起する「観想」ではなく、存在するものそのものの近くでその差し迫りのもとに留まろうとする情熱のなかで生起するものであり、それはまた、エネルゲイア、つまり「活動していること（仕事［作品］に携わってあること）（Am-Werke-Sein）」の最高様態であった。テオーリアをエネルゲイア（活動態）と結びつける背景には、テオーリアを「最高の活動態」と規定するアリストテレス『ニコマコス倫理学』第一〇巻の議論があるであろう。それを右のように独訳するところには、「エネルゲイア」という語のなかに響いている「エルゴン」をもとに、「作品」への着目を強めていくこの時期の姿勢が認められるが、そこに、制作知であるテクネーとの連関を見出そうとしているのは明らかである。

こうしてハイデッガーは、「学問の原初的な本質」を規定する。つまり、「学問とは、常に自らを覆蔵する全体における有るもののただなかで、問いつつ堪え抜くことである。その際、この行為しつつ持ち堪えることは、運命に対する己れの無力を知っている」（GA16, 110）。

「運命に対する無力」を自覚する知が、ギリシアの原初を特徴づける。しかし、原初に始まった西洋の学問も、その後の歴史のなか、最初は「キリスト教的‐神学的世界解釈」によって、次いで「近代の数学的-技術的思惟」によって、時間的にも事象的にも原初から遠ざかってしまった。しかし、原初は、決して過ぎ去ったのではなく、なおわれわれの前に立っている。それは、「その大いさを再び取り戻すようにという、われわれを超えてやってくる遥かな［接合の］指図として存している」(*ibid.*)。先に触れたように、ハイデッガーは「遥かな［接合の］指図（die ferne Verfügung)」という「黒表紙のノート」で繰り返される言葉を使いながら（GA94, 54, 87, 89, usw.)、「われわれが原初の大いさを取り戻すために、この遥かな［接合の］指図に決意的に自らを接合する（fügen）ときにのみ、われわれにとって学問は現存在の最内奥の必然性になる」(GA16, 110-111) と言う。そしてそのときには、「学問が、われわれの精神的-民族的現存在の根本生起にならなければならない」(GA16, 111)。

ハイデッガーによれば、このような学問の本質への意志は、決意的なものとして、知における創造的なものである。しかし、その創造的なものは同時に、存在の接合の合図に自らを接ぎ合わせるものとして、「運命に対する無力」でもある。学問の本質への意志は、こうして自らの運命を経験する。したがって、学問の原初的本質に立ち帰るとは、原初においてギリシア民族が経験した「知の創造的な無力」(GA16, 109) を受け止め直すことに他ならない。そもそも知がプロメテウスによって人間に授けられたとするモチーフのなかに、知の創造性と運命性が語り出されていると見ることができる。それは、神の身として予見的な知を授けられていながら、人間に火を盗み与えて技術的可能性を開いたことで、自らの運命に縛りつけられたプロメテウスの姿に具現されたものでもあった。

留意すべきは、ハイデッガーもまた、運命を前にした知の無力に、大学という具体的な現実を通して向き合うことになったということである。ハイデッガーはすでに『存在と時間』で、同時代的な「科学の危機」を受け止め（SZ, 9-10）、その直後の著作や講義でも哲学と諸科学の有り方を繰り返し問うていたが、諸科学が専門化と技術化の傾向をますます強めていくなか、プロメテウスの予見的な知さながら、知の動向を見極め、その改革を求めることに哲学者の学長としての使命を見出した。ハイデッガーは再び教員組織と学生組織に呼びかけて、「われわれが、有るものが全体において不確かであるただなかで、問いつつむき出しのまま持ち堪えるという意味で学問の本質を意志するなら、この本質意志は、われわれの民族にその最内奥にして究極の危険を含んだ民族の世界、すなわち、その真の精神的世界を創造する」（GA16, 111-112）と語る。「精神」とは、「根源的に気分づけられつつ知るという仕方での、存在の本質に対する決意性」（GA16, 112）であり、ここには知の創造的契機へのハイデッガーの要求を認めることができる。そのうえで、教員には、民族の世界を創造するために「指導者（Führer）」になる決意性を、そして学生には、「ドイツの運命を究極の窮迫において持ち堪える」（*ibid.*）決意性のもと、「労働奉仕」と「国防奉仕」と「知の奉仕」の三つの奉仕を求めていく。この三つの拘束が、民族、国家の歴史的運命、精神的任務各々についての知として一つに結びつき、「学問の根源的で完全な本質」を創造する。「ドイツの大学の本質が学問から、かつ学問を通して、ドイツ民族の運命の指導者にして守護者を教育し陶冶する最高学府として限定されるなら、このような学問こそが考えられている」(GA16, 114)。

ここでは、「運命(Schicksal)」や「歴史的運命(Geschick)」など、『存在と時間』で提示された言葉が繰り返されながら、明らかにそことは異なったレベルの内実が語り出されている。別言すれば、『存在と時間』で後者の語に「共同体の生起、つまり民族の生起」が割り当てられたとき、それはもともと、この演説の内実レベルにまで向かう射程を含んでいたということである。ハイデッガーは、知や学問の変容を洞察したところから、最高学府としての力を持ちえなくなっている大学の現実を前に、その構成員である教員と学生に、ドイツの運命を究極の窮迫において持ち堪えつつ、民族としての精神世界を創造する任務を求めていくのである。

しかし、そのような呼びかけが現場の教員や学生に受け入れられることはなく、ハイデッガーは孤立のなか、一年以上の任期を残して学長職を退くことになる。同時期の「黒表紙のノート」では、本来は学生自治の組織でありながら実質ナチスの支配下にあった「ドイツ学生団」に対し「完全な精神的未熟」(GA94, 116)という批判を向けている。また、学知の教育という大学の任務が「われわれの民族の存在の根本様態としての知の窮迫」(GA94, 123)から果たされるべきことを求めながら、現実の大学に対しては「大学は死んだ」(GA94, 125)と記さざるを得なかった。しかしそもそも、国民社会主義的運動に向き合いつつ、自然、歴史、言語、民族、習俗、国家など「人間的-歴史的現存在の世界形成的な諸力」(GA16, 111)への根本関連を掲げ、「存在の問い」の次元から大学改革に精神的方向性を与えようとする姿勢そのものが、具体性を欠き、現実との乖離を生み出したことは否めない。

こうして、ハイデッガーがアイスキュロスから聞き取った「運命を前にした知の創造的無力」は、皮肉なことに、創造性を発揮できないまま政治的現実に翻弄された自らの哲学知の無力として経験されることになった。「政治と哲学（学問）」という、プラトン以来の普遍的課題が、ハイデッガー自身の運命になったのである。しかし、それはまた、そのような運命を捉えうる思索的立場が存在の問いの課題になることでもある。

ここで改めて強調しておきたいのは、アイスキュロスの引用において「知」の原語がテクネーであることである。このことは、一九三〇年代に顕著になるハイデッガーの基本的立場である。たとえば、「自己主張」から二年後、ソポクレス解釈を展開した一九三五年夏学期講義『形而上学入門』でも、テクネーは芸術でも技術でもなく「知」であるとされる（GA40, 19, 168）。ただし、プロメテウスに触れた断章が示すように、原初が「存在の本質歪曲」と関連づけられるかぎり、それはすでに、原初がそれ自身から逸れ、原初性を失っていく方向を含んでいることを示している。それに応じて、原初の知であるテクネーの意味内実も変貌を避けられない。その変貌が、この時期以降、技術の本質を特徴づける「工作機構（Machenschaft）」として現れることになる。

4 火と技術（テクネー）と真理――『省慮』における

われわれは、一九三八〜三九年に書き記された覚書き集『省慮』に向かうことにする。『寄与論稿』に続いて記されたこのテクストは、『寄与論稿』を補足かつ展開する内容を豊かに含んでいる。『省慮』のなかでプロメテウスに触れられるのは、「導入」冒頭の「第一節、ペリアンドロスとアイスキュロスからの序言（Vorspruch）」と「第五一節、存在《あり》と人間」である。分量的にはわずかであるが、この該当箇所をもとに、先に示したように、プロメテウス解釈と重なる技術の問題に踏み込むことにしたい。

まず、第一節には、表題に含まれるペリアンドロスとアイスキュロス両者のテクストからそれぞれ短い詩句が引かれている。七賢人の一人ペリアンドロスの言葉として引かれるのは、日本語訳では「全体のために骨を折れ[2]」とされる句であり、それをハイデッガーは、「有るものを全体において気遣いのうちへ」と訳す。『存在と時間』直後、形而上学を問題にする立場から発せられるようになる「全体における有るもの（das Seiende im Ganzen）」と『存在と時間』において現存在の存在として取り出された「気遣い（Sorge）」とが連関づけられており、一般に「形而上学期」と呼ばれている時期の立場を『存在と時間』の内実と何とか重ねようとする姿勢が見て取れる。

この第一節で、もう一つ掲げられているのが、アイスキュロスの『プロメテウス』の詩句（四九行）である。「すべてというすべてが厄介である。ただ、神々を支配することだけはそうでないが」とドイツ語訳されているが、[10]これは、本作品のプロロゴス、つまり前口上の部分、二人の神クラトスとビアー、そして鍛冶と工作の神へパイストスによって、プロメテウスの冒した行為とそのために彼が受ける罰が語り出される場面のものである。実際にはビアーのせりふはなく、引かれているせりふはクラトスのもので、作品に即せば、神々の支配者ゼウスの特権的な立場を例外として、それ以外のすべてが厄介であることを語っている。

なぜこの短い詩句が選ばれたか、ここだけでは何の手がかりもないが、それを解く鍵は、この覚書き集の「導入」に続く「第二章、存在《あり》の唯一性への前跳躍」の二番目の覚書き「第九節、工作機構（暴力、力、支配）」にあるように思われる。ここで注目したいのは、右のクラトスとビアーが、それぞれ「[権]力」と「暴力」を意味することである。[11]ハイデッガーの念頭に『プロメテウス』があったことは間違いない。

一九三〇年代半ば以降、当時のハイデッガーが技術の本質として術語化した「工作機構」とは、この箇所で語られるように、「全てを作りかつ作り上げていく、存在するものの工作可能性」（GA66, 16）を意味する。すなわち、有りと有らゆるものが技術的に産み出されるようになり、「存在」ということ自体が「制作、工作」の観点から捉えられるようになる事態である。技術的制作の性質から、

「暴力（Gewalt）」や「力（Macht）」が工作機構と結びつけられるのは理解できよう。「支配（Herrschaft）」もまた、他の箇所では、「存在するもの」に対する支配という意味で用いられるのが一般であるが、この第九節ではむしろ、「支配は、存在《あり》そのものの尊厳である。あらゆる支配は原初的であり、原初に属している」（GA66, 17）というように、「存在の原初」との結びつきのもと、積極的な意味を与えられている。

「暴力」や「力」の語は政治権力とも結びつくものであるがゆえに、今やそのような力が技術的な生産力と結びついて現代世界を規定していることを、ハイデッガーは「存在の問い」の立場から受け止める。それは、ハイデッガー自身が体験した現実でもあった。このような文脈からすると、同じく政治的意味で使用可能な「支配」の語だけが区別されるのは、不自然であるように思われる。

ただし、この断章の表題があくまで「工作機構（暴力、力、支配）」であることに注意しなければならない。というのも、この時期ハイデッガーは、「支配」の語を二義的に用いているからである。たとえば、この覚書き集に先行する『寄与論稿』では、技術時代における「巨大なもの」の展開について「表象定立（Vorstellen）や制作定立（Herstellen）の無制約的な支配」（GA65, 442）と語る一方、来るべき「最後の神」について「最後の神の支配」（GA65, 34）と記し、「性起の出来事」に向かう「原初的思索」を「支配的知」（GA65, 59）と呼んでいる。当該の『省慮』の同じ第九節では、「表象定立としての思惟から規定される存在の、真理において根拠なき支配」（GA66, 25）と語り、工作機構を

「自己拒絶する存在《あり》とその根拠づけられざる真理の一つの支配形式」(GA66, 19)と記してもいる。したがって、原初に属する「支配」は、その原初に始まった歴史のなか「暴力」や「力」の「支配」として工作機構になる一方、工作機構もまた自己拒絶する存在《あり》の「支配形式」であるかぎり、自己拒絶という仕方で覆蔵された存在《あり》をそのものとして思索することによって、歴史の別の原初を準備することが目指されたと見ることができる。

だとすれば、問題の冒頭の句は、神々との原初的な関わりを例外的なものとして念頭に置きつつ、工作機構における諸々の力の支配という厄介な現実をそのものとして受け止めることを意味するものと考えることができるのではないか。ハイデッガーにとっては、この覚書き集の全体が、工作機構という技術的制作の支配を徹底的に思索することを通して、存在の原初的な支配への移行を求めてゆくものだったのである。

一方、このような原初への眼差しのもと、火とテクネーと真理の三者の連関を論じているのが、『プロメテウス』について触れたもう一つの箇所、第五一節である。少し長いが、肝心な部分を引用することにする。

存在《あり》が原初においてピュシスとして言葉になったとすれば、そしてピュシスとパオスが同じことをその多様性において言っているとすれば、つまり、開くことと燃え上がることとの二重の言示

(Zwiesage) のうちで立ち現れつつ空け開くこと (aufgehende Lichtung) を言っているとすれば、人間を、ロゴスを持つ生きものとする原初の形而上学的経験は同時に、人間を、灼熱つまり火を「持つ」存在――「火」を作ることのできる唯一の存在者 (Wesen) ――とする経験を所有するのである。そうであるなら、「火」は燃焼と明るさとしてテクネー (第六三節「技術」を参照) の一手段であるのみならず、空け開け――アレーテイアとして、テクネーの本質根拠である。そうであるなら、プロメテウスは、人間に初めて「火」を付加物としてもたらしたのではない。そうではなく、新しき神に対する古き神であるティターン神のこの行為によって、人間は初めて人間になったのであり、そうであるなら、原初以来、人間の歴史と、空け開けの根拠喪失性としての工作機構の可能性が、テクネーの内で決定されるのである。(GA66, 135)

ギリシア語の「ポース［パオス］(光)」は、『存在と時間』の時期から「現象学」の語の由来である「パイノメノン (現象)」と共通の語幹ということで連関づけられていたが (SZ, 28)、ここでは、その語が原初に経験された存在、つまり「ピュシス」と連関づけられる。[12] そしてパオス (phaos) とピュシス (physis) 両者の結びつきを「空け開け (Lichtung)」としての真理に認め、その真理から「火」を理解する。空け開けとしての火は、テクネーの本質根拠である。

繰り返すなら、プロメテウス神話の伝承において火と技術を初めて結びつけたのはアイスキュロスであった。火の使用から生活のためのさまざまな技術知を生み出したとするのがアイスキュロスのプロメテウス理解であるが、その洞察を、ハイデッガーは自らの立場から、上記のように真理と知の関係として受け止める。この覚書きで参照されている第六三節「技術」の書き出しが、「技術の本質空間の発見が最も成功するのは、われわれがテクネーとは「知」を表す一つの語であると知る場合であり、そして「知」を、真理のうちに立つこととして把握し、そして真理を存在《あり》の空け開けから、存在するものの開性として理解する場合である」(GA66, 173) となっているのは、そのことを示すであろう。一九三〇年代初頭からプラトン『国家』における「洞窟の比喩」やパルメニデスの教訓詩に取り組みながら真理の本質への問いを掘り下げていくハイデッガーにとって、アレーテイアとしての真理は、それ自体のうちに覆蔵性つまり非真理を本質的に含むものであり、さらにそれが、前章でも触れたように、「迷い」として受け止められるようになる。先取りすれば、次章で見るように、『オイディプス王』を存在と真理と仮象の動的連関から捉え、そこに「迷い」を洞察する視点も、この同じ真理理解のうちに立つのである。

以上のように受け止めるなら、最初に取り上げた「黒表紙のノート」の断章との対応も明らかであろう。空け開けとしての真理は、原初におけるピュシスとパオスの経験である。それは、プロメテウスを介して神々と人間とが対向的に迎え合い (entgegnen)、天上の火が技術知とともに大地にもたらされ、世界が開かれたことである。人間が初めて人間になると言われるのは、人間が真理のうちに立って「現存在」になることを意味する。それは、人間的現存在の歴史の始まりでもある。そして、先の断章で「存在の本質歪曲」と結びつけられていた歴史が、ここでは、「空け開けの根拠喪失性としての工作機構」と関連づけられていることがわかる。しかし、すでに見たように、プロメテウスの行為が、神々と人間との接合の正当さを踏み越えた不当さであるとすれば、それは原初の知であるテクネーに、原初からの離反が本質的に含まれていることを示すことになる。

とはいえ、知としてのテクネーが直ちに全面的に工作機構なのではない。ハイデッガーがこの時期、同じテクネーに由来する営みを「芸術」に見出し、それを「真理が自らを作品のなかに置き入れること（das Sich-ins-Werk-Setzen der Wahrheit）」（GA5, 25）と規定することにより、論考「芸術作品の根源」（一九三五／三六年）で芸術の本質を問うていったことはよく知られている。ただし、真理が原初的本質のうちに覆蔵性としての非真理を含むかぎり、原初に発する現存在の歴史は同時に、存在の本質歪曲の歴史になりうる。存在が覆蔵され偽装される「存在忘却（Seinsvergessenheit）」の歴史である。そのなかで知が存在するものを、作られたものあるいは作られうるものと受け取るとき、「空け開けの根拠喪失性としての工作機構」が支配的になるが、その可能性は知に本質的に含まれているということである。このようにして、三つのテクストに跨がるプロメテウスへの言及は、一九三〇年代における基本的立場において結びつくのである。

5　悲劇のさらなる問いへ

ハイデッガーによるプロメテウスへの言及をテクストに即して一通り考察した今、最後に、ハイデッガーにとってのプロメテウスの存在について若干の言及を加え、同時に問題の射程を示して、本章の締め括りとしたい。

近年公刊された覚書き集や「黒表紙のノート」を繙くとき、公刊著作との決定的な違いは、神についてのハイデッガーの言及の多さである。そしてその多くの箇所では、神ないし神々と人間との関係が「間（Zwischen）」、ないしより多くは「対向的な迎え合い（Entgegnung）」として語られる。『寄与論稿』のなか「最後の神」について言われるように、ここで単数と複数の違い、つまり一神か多神かは重要ではない。重要なのは、神があくまで人間との固有な関係において問題になるということである。ハイデッガーは、ヘルダーリンの影響のもと、「唯一なる三者」として、ヘラクレス、ディオニュソス、キリストをまとめて名指していた（第5章を参照）。前二者は、ギリシア神話上、神と人間の間に生まれた「半神（Halbgott）」であり、キリストは神の子、「神人」である。これらの存在に対するハイデッガーの関心には、神を常に人間との独自な関係から捉える姿勢が映っている。次章で詳しく扱うように、特にヘルダーリン第一講義で半神たちの存在を「運命（Schicksal）」と結びつけることは、

「運命」理解にとって決定的である。たしかに、プロメテウスは古きティターン（巨神）族に属する神であって半神ではないし、まして神人でもない。しかし、人間に火と技術知を与えてゼウスの怒りの犠牲となったプロメテウスは、神と人間との比類ない「間」に立ち、その「間」を生きることで自らの運命に従う。次章を先取りするなら、ハイデッガーは上記ヘルダーリン第一講義のなかで人間オイディプスを半神に重ね合わせ、その「苦悩（Leiden）」を語ることになるが、ここでハイデッガーはプロメテウスをも同じように、あるいはオイディプスに先んじて、半神と重ね合わせていたのではないか。すなわち、神と人間との独自な「間」によって規定されるプロメテウスの存在、その苦悩的な存在が原初に組み込まれて西洋の知と技術の歴史になったことを、言い換えれば西洋の運命になったことを、ハイデッガーは、アイスキュロス悲劇のなかに読み取ったのではないか。

一方、「自己主張」では、よく知られているように、西洋の学問に触れる文脈で、「〔…〕情熱的に神を求める最後のドイツの哲学者、フリードリヒ・ニーチェが言ったこと、すなわち「神は死んだ」ということが真であるなら〔…〕学問についてはどうなっているのだろうか」（GA16, 111）という問いが発せられる。ニヒリズムをめぐってニーチェとの本格的な対決が始まるのはこの発言より少し後からのことであるが、いずれにしても、情熱的に神を求めたとされるニーチェが「神は死んだ」と語ったことの意味は重い。それは、神との関わりを常に含みながら展開した西洋の歴史にとって、一つの決定的な終わりを意味するからである。

西洋の知の歴史の原初において、アイスキュロスの『プロメテウス』にはすでに終結に向かう方向が可能的に含まれているとハイデッガーは見たのであるが、その原初の始まりに対し、キリスト教の神の死を語ることで原初の歴史に終わりを示したニーチェは、しかし別の神ディオニュソスを求めていった。後で考察するように（第6、7章を参照）、そのニーチェから、「没落（Untergang）」が同時に「移行（Übergang）」であるとするモチーフを受け止めたハイデッガーは、「黒表紙のノート」や『省慮』で、存在の歴史を原初からの「没落」と捉え、しかも没落の根拠を原初のうちに見出し、存在の本質あるいは存在そのものについて「悲劇的」と語るようになる（第7章を参照）。と同時に、ハイデッガー自身の歩みは、別の原初への「移行」という形を取る。その背景には、明らかにギリシア悲劇に対する洞察があった。その洞察の一端を『プロメテウス』において確認した今、続いてソポクレス解釈に進むことにしたい。

第3章 ソポクレス解釈（一）『オイディプス王』

1 ソポクレスへの積極的接近

ソポクレス解釈は、ハイデッガーのギリシア悲劇解釈の核心である。もとよりヘルダーリンがギリシア悲劇とりわけソポクレスに傾倒し、『オイディプス王』と『アンティゴネ』を翻訳し注解も残したことは、ハイデッガーのギリシア悲劇解釈にも大きな影響を与えた。しかし、それはハイデッガーのソポクレス解釈がヘルダーリンのそれのなかを動いていることを意味するのではない。ハイデッガーがヘルダーリン解釈の過程でソポクレスに触れるとき、そもそも背景となるヘルダーリン解釈自体が文学史的なものとは異なる、ハイデッガー自身の「思索と詩作」に取り込まれたものであるがゆえに、ヘルダーリンとソポクレスの関係自体も、実証的な文学史研究の域を超えて、ハイデッガーの思索の地平で動くことになる。冒頭で述べたことを繰り返すなら、本章と次章で取り上げるこの二作品についても、ハイデッガーが扱うのは作品全体ではなく、その解釈を導くのは限られた特定の詩句や文言なのである。

われわれは、ハイデッガーが取り上げた順序に従って、まず『オイディプス王』から始めることにする。その際、考察の機軸に置くのは、ヘルダーリンの一つの詩句「もしかするとオイディプスは眼が一つ多過ぎたのだ」についてのハイデッガーの解釈である。『オイディプス王』に対するハイデッガーの数少ない言及はこの詩句を軸に展開しており、言い換えれば、そこからハイデッガーは、決定的な洞察を受け止めた。

以下では、ヘルダーリンの上の詩句、および『オイディプスへの注解』に対するハイデッガーの解釈を通して、その立場の独自性を明らかにするが、この作業は同時に、前章に続いて、そのような解釈の根底を成しているハイデッガーの「原初」理解、つまり彼が古代ギリシア人たちの原初的経験として見て取ったことを考察することになる。

考察の大まかな構成を示しておきたい。ハイデッガーが先の詩句を扱ったのは、一九三〇年代半ばに行なった二つの講義においてである。第一に、一九三四／三五年冬学期に行なったヘルダーリンについての最初の講義『ヘルダーリンの讃歌「ゲルマーニエン」と「ライン」』、第二に、続く一九三五年の夏学期講義『形而上学入門』である。連続する講義ゆえ、上述の詩句に対する根本姿勢は変わらないが、扱いの文脈は異なっている。先取りして言うなら、いずれも「仮象（Schein）」がキーワードとなってハイデッガー独自の「真理」理解に関わっていくが、前者では「言葉の本質」、後者では「存在と仮象」という枠組みで論じられることになる。そこで、まずは二箇所それぞれの分析を確認し、ハイデッガーの根本的な立場を取り出すことにする。その過程で『オイディプス王』の内容にも触れることになるが、考察全体を通して、古来限りなく豊かな解釈を生み出してきた『オイディプス王』に対して、ハイデッガーの立場から何を言いうるか、若干の検討を加えてみたいと思う。(1)

2　言葉の本質

(一)「快き青さのなかに……」

改めて確認すれば、ヘルダーリンがオイディプスについて「眼が一つ多過ぎた」と詠ったのは、「快き青さのなかに……」で始まる無題の詩においてである(HS1, 479-481)。この詩は、一般にヘルダーリンの創作活動期と言われる時期のものではなく、テュービンゲンの精神病院を経て、現在「ヘルダーリン塔」で知られるネッカー河畔は指物師ツィンマーの家で過ごしていた時期、いわゆる精神錯乱期のものとされている。(2)

しかし、ハイデッガーにとって、この詩は、ヘルダーリンの活発な創作期の多くの詩に劣らず重要なものとして受け止められ、この後もそのなかのいくつかの詩句が繰り返し取り上げられることになる。この講義で最初に触れられるのも、「準備的考察」のなかで「詩作の本質」を論じる際に、後にいくつもの箇所で取り上げることになる代表的な一節、「功績に満ちて、けれども人間は、詩人としてこの地上［大地の上］に住む」であった。

詩の構成を最低限必要な範囲で見ておくなら、「快き青さのなかに咲く青銅屋根の教会の塔。そのまわりを燕の声が飛びまわる」で始まるこの詩は、いずれも長い三つの連から成る。今取り上げる詩句が現れるのは、最終第三連である。それは、「一人の男が鏡をのぞき、そこに自分の像を見る。模写されているようだ。それは、その男に似ている。男の像には眼がある。だが、月のような光はない」と始まり、問題の詩句が来る。そして後には、「この男の苦悩は、筆舌に尽くし難く思われる」と続く。その後二度ほどオイディプスの苦悩が触れられ、詩全体の締め括りは、「オイディプスの受けたいくつもの苦悩は、まるで哀れな病人がどこかが変だと訴えているようだ。ライオスの息子、ギリシアの哀れな異邦人よ！　生は死、そして死はまた一つの生」となっている（GA39, 37-40）。

ハイデッガーは、この詩の全体を記した後、ヘルダーリンの『オイディプスへの注解』を参照するよう呼びかけ、その注解中の「このような人間は暴力的な状況のうちに立っているがゆえに、その言葉もまたいっそう暴力的な連関の内で復讐神的に（nach Furienart）語る」（HS2, 855）という語を引き、「この文言は、本来的な解釈として読むかぎり、今日までソポクレスの悲劇の説明のために書かれたすべてのものに取って替わる」(GA39, 40) と語るのである。

ハイデッガーが最大級の賛辞を与えたこの語は、講義のなかで少し後に再び取り上げられる。やはり最初の言及と同様に「準備的考察」のなか、今度は「詩作の言葉の性格」を論じる箇所においてである。ハイデッガーは、改めてそこで、「もしかするとオイディプスは眼が一つ多過ぎたのだ」の語の意味について、ヘルダーリンが『オイディプスへの注解』のなかで「神託の言葉 (Orakelspruch) をあまりに無際限に解する」(HS2, 851) と述べていることを挙げて、自らは、「驚くべき怒りを帯びた好奇心によって、彼の知ろうとする意欲 (Wissenwollen) はあらゆる柵を引き倒し、自分が担いうる以上、捉えうる以上のことを知ろうと求める」(GA39, 65) と解釈する。そして、この内実について、再びヘルダーリンの注解中の次の言葉を引く。「まさにすべてを探り出しすべてを解釈しようとすることのものこそ、彼の精神が最後には使者たちの飾り気ない単純な言葉に屈してしまうようにするものなのである」(HS2, 855)。ハイデッガーが賛辞を与えた先の文言は、この後に続くものに他ならない。

以上、一九三四/三五年の冬学期講義の導入部でハイデッガーがオイディプスについて語っていることを一通り確認した。すでに明らかなように、ハイデッガーの言及は作品そのものを解釈したものではなく、ヘルダーリンの言葉に即してのものである。その際、ここでの言及が、言葉の本質を扱う文脈であることに留意すべきである。ハイデッガーがヘルダーリンの注解のなかで注意を向けているのは、「暴力的な状況」のうちにあるオイディプスの言葉であり、「神託の言葉」に対する解釈であり、最後は再び使者たちの言葉である。このように多層な言葉の間で翻弄されるオイディプスがいったんヘルダーリンに受け止められた後、今度はハイデッガーによって「詩作の言葉」という問題連関のもと、特に「言葉の危険性」という観点から扱われることになる。

(二) 言葉の危険性

ハイデッガーからすれば、そもそも人間が存在に打ち当てられ、存在に開かれるのは、言葉の力に由る。言葉が本来持っているこの可能性を最も豊かに働かせるものこそが詩作だと考えられた。ただしハイデッガーは同時に、ヘルダーリンの断片の一つをもとに、言葉を「財産のうちで最も危険なもの」として提示する (GA39, 60)。言葉によって、名指されたものに固有な存在が与えられ、そのつど世界が開かれるかぎり、言葉は人間に授けられた財産である。しかし、財産である言葉が同時に最も危険であるのは、存在が開示されることに基づいて存在するものとの関わりが可能になる、まさにそこで起こりうる事態が見て取られているからに他ならない。そしてハイデッガーは、そこに二つの異なった危険を見て取るのである。

一つの危険は、人間が言葉によってかぎりなく先まで進むこと、言い換えれば、存在へと出て行く勇気を持つことによって起こる。それは「根源的な開蔽 (Enthüllung)」(GA39, 62) であるが、この開蔽が創造の面と、そうであるがゆえの破壊の面をともに含むということである。ハイデッガーはアポロンについて触れたヘルダーリンの別の断片を挙げて、この危険について、「神々に対する最高の近さという危険、そしてそのことによって神々による過度の壊滅（Vernichtung）に対する最高の近さという危険」（GA39, 63）と述べている。

ハイデッガーが特に断っているわけではないが、アポロンへの言及からして、オイディプスが念頭にあったのは間違いないであろう。たしかに、『オイディプス王』で、アポロンが直接に視覚的な姿をとって現れることは一度もない。すなわち、アポロンの神託は、先王ライオスに下ったものとして、その妃にしてオイディプスの母、さらに妻でもあるイオカステの口を通じて語られるもの、コリントスで成長したオイディプスがある他者の言葉をきっかけに自らデルポイに赴いて聞いたもの、そして作品中では最も早く盲目の予言者テイレシアスの口を通して語られるものの三つである。人間の世界では三つの場面で別々に告げられた神託がすべてアポロンにおいて同一であること、まさにそのことの判明する過程が、作品の展開を特徴づける。いずれの神託においてもアポロンの言葉はそのままアポロンの存在、不在における現前である。アポロンは神託の言葉として自らを示し、オイディプスの運命を操るように働くことになる。そうであるからこそ、アポロンの神託に向かって歩みを進めることはアポロンにかぎりなく近づくことであり、それがまた、アポロンによって壊滅させられることでもある。壊滅については後でまた触れるが、さしあたっては、オイディプスが盲目となって追放の身になることと考えられる。そのようにして、真理が露わになり、神託が成就する。

ここで合わせて指摘すべきは、言葉が「根源的な開蔽」であるがゆえに持つ危険、つまりその反対の「隠蔽（Verhüllung）」にも言及がなされていることである。言葉に、開蔽するものと隠蔽するものとの二種類があるのではない。開蔽の言葉が、同時に隠蔽の言葉にもなるのである。先述の予言者テイレシアスの言葉も、それ自体はオイディプスの存在を開蔽するものでありながら、オイディプスにとっては隠蔽の言葉になった。しかし、その言葉がきっかけでオイディプスは先王ライオスの殺害者の探索に乗り出し、最終的に自らの存在が開蔽し、壊滅へと導かれる。隠蔽については、「その支配的な変種である仮象（Schein）」（GA39, 62）も名指されているので、言葉の問題が仮象の問題と重ねて考えられていることが確認できる。

　この仮象の問題は、言葉の第二の危険にも見出されていく。それは、言葉に本質的に不可避な「頽落」の危険、「徒らに用いられる冗言とそれが喚起する仮象へと、きわめて浅薄に離反して絡めとられる危険」（GA39, 63-64）である。ハイデッガーは、言葉の危険を総じて「非存在（Nichtsein）による存在そのものの脅かし」（GA39, 62）と述べるが、先には存在の開蔽においてその隠蔽や壊滅として働いた否定の力が、ここでは言葉の「非本質（Unwesen）」になる危険として見られている。それだけに、仮象を存在と非存在（無）の連関で捉えつつ、言葉との関係で受け止めることが本質不可避な問題とならざるを得ないのである。

　二つの方向で見て取られた危険は、同じ言葉の危険として二重のものである。危険が二重であることが、「言葉の最も根源的な本質規定」（GA39, 64）である。そして、「その最も純粋な本質は原初に詩作において展開される」（*ibid.*）。このことは、『オイディプス王』というソポクレスの詩作がハイデッガーにおいてどのような観点から見られていたかを示している。

このように言葉の危険を言葉の本質として取り出した後、ハイデッガーは、ヘルダーリンの『オイディプスへの注解』のなかで最大級の賛辞を与えた先の言葉を取り上げる。そのなかでヘルダーリンが「暴力的な状況」と呼んだものを、ハイデッガーは、人間が陥りうる任意の状況などではなく、「人間というものが全体における有るものに対して取る根本姿勢、彼の歴史的運命が展開される唯一の変更不可能な根本姿勢」（GA39, 66）であると解釈する。要するにハイデッガーは、ヘルダーリンの注釈の語を、言葉こそが人間の根本姿勢を、すなわち「狂暴な暴力との対決を担い、そして遂行する」（*ibid.*）という姿勢を述べたものとして受け止めた。ハイデッガーによれば、「言葉そのもののうちで、存在《あり》と非存在の対-決、暴力相互のせめぎ合い、そしてこの戦い（Kampf）における勝利と敗北、さらに全知と全能が持つ無関心さへの荒廃もまた生起する」（*ibid.*）。したがって、ヘルダーリンを通して受け止めた『オイディプス王』は、言葉の本質ないし言葉の力が際立った仕方で展開する詩作だった。ハイデッガーにとってソポクレスは、何よりも言葉の危険を洞察した詩人であり、その洞察がまた、神に対する洞察でもあった。

以上、言葉が存在との本質連関で捉えられるべきものであることを考察したが、本節での考察が、改めて存在の側からいかに捉えられるか、『オイディプス王』への第二の言及に移ることにする。

3 存在と仮象

(一) ピュシス、アレーテイア、ドクサ

ハイデッガーは、続く一九三五年夏学期講義『形而上学入門』で、「存在の限定(Beschränkung)」という括りのもと、存在の語り方として一般的となった、他の様態との区別づけによる四つの表記を取り上げる。すなわち、「存在と生成」「存在と仮象」「存在と思索」「存在と当為」である。これらの区別は、存在と対立項とを境界線で切り離すようなものではない。「存在の限定」という括りが示すように、各々の対は、「存在」がそれ自身を限定することのなかで必然的に形成されたものとして捉えられる。このうち最初の二つは、ともに古代の原初に現れた等根源的な区別であり、相互に連関し合っている。この区別を「根源的に、すなわちギリシア的に把握すること」(GA40, 105)が肝要となる。今は、『オイディプス王』が取り上げられる第二の「存在と仮象」に即して考察するが、原初において等根源的とされる第一の「存在と生成」の区別は、ここでも重なり合うことになる。

ハイデッガーは、「仮象」を表す〈Schein〉の語義の確認から始め、幾つかの例文を掲げながら、

三つの様態を取り出す。すなわち、「光輝と照り輝きとしての〈Schein〉」、「現出（Erscheinen）としての〈Schein〉」、「単なる見かけとしての〈Schein〉」である。そして、第二義の〈Schein〉、つまり「自らを示す」という意味における現出としての〈Schein〉は、第一、第三いずれにも当てはまることから、「〈Schein〉の本質は、現出である」（GA40, 107）と記す。

ところで、このような「存在と仮象との内的な連関」は、「存在」を「根源的に、すなわちここではギリシア的に、理解する」（GA40, 108）ときに初めて十全に捉えられる。一方、「存在はギリシア人にとってピュシスとして明け開かれている」（*ibid.*）がゆえに、右のことは、ピュシスのギリシア的理解を踏まえることを意味する。さらに、ハイデッガーにとって、存在がピュシスとして経験されたことと、ギリシアの原初が開かれたこととは、一つである。講義の前半でハイデッガーは、原初になされたピュシスの経験を、「立ち現れ-逗留しつつ統べること（das aufgehend-verweilende Walten）」（GA40, 19）と規定する。〈Schein〉との連関で捉えられるなら、「輝きつつ現出すること」である。そしてピュシスの語を構成する語幹の「ピュ（phy-）」が「パ（pha-）」と同じ語幹であることを指摘し、「ピュエイン、すなわちそれ自身のうちに休らいつつ立ち現れることは、パイネスタイ、すなわち閃き出ること、自らを-示すこと、現出することである」（*ibid.*）と語る。存在が上述の意味でのピュシスとして理解されるとき、それは、覆蔵性からの立ち現れということを含む。したがってそれは、アレーテイア、すなわち「覆蔵性（レーテー）」の「否定（ア）」として、「非覆蔵性（Unverborgenheit）」の意味における「真理」との本質連関に立つのである。ピュシスとしての存在が「現出すること」であるとき、「真理は存在の本質に属している」(GA40, 110)。さらに存在が「現出」、「現前(Anwesen)」であることに応じて、先に言葉の本質との連関で言われた「非存在」も、「現出から、つまり現前性から退去すること」(*ibid.*)として理解される。存在と非存在とは静的に対立しているものではない。現出することの本質に、立ち現れと退去が共に存している。

ところで、存在が現出として動的本質において捉えられるとき、それは多様な有るもののうちへ広がっており、そのつどの有るものに「見かけ(Ansehen)を与える」ことになる。それを表すギリシア語の動詞がドケインであり、名詞形のドクサも、動詞の多様性に応じてさまざまな意味を持つことになる。「見かけ」とは、何かが表立って現れる姿である。「輝き」や「名声」としてのドクサ、たとえば新約聖書に見られる「神の栄光」も、見かけが「表立って現れること」に発している。しかし、「見かけ」はより広い意味で、「いかなる有るものをもその外見(Aussehen)(エイドス、イデア)において蔵し(bergen)かつ開蔵する(entbergen)見かけ」(GA40, 111)である。

このようにして、「見かけ」としてのドクサが「光景(Ansicht)」を形成し、それを人間が受け止めることで「見解」へ、さらに「想定」や「憶測」になることを説明して後、ハイデッガーは次のように語る。「存在、すなわちピュシスは、現出のなかに、つまり外見と光景の提示のなかに立っているから、存在は本質に即して、それゆえ必然的にかつ常に、ある外見の可能性のうちに立つことになる。

その外見は、存在するものが真理において、つまり非覆蔵性において、それで有るところのかのものを、まさに被覆し覆蔵するのである」(GA40, 111-112)。この外見こそが「仮象」である。「存在するものの非覆蔵性が有るところ、そこには仮象の可能性が有り、逆もまたそうである」(GA40, 112)。したがって、存在するものが仮象において存続を保つところでは、その仮象が砕けることもあるが、重要なのは、これらがすべて現出としての存在に本質的に属すると見られていることに他ならない。

ハイデッガーによれば、後世に至って仮象を主観的な現象に押し込める立場が登場することになったとはいえ、「ギリシア人は、存在を仮象から奪い取り、存在を仮象に対して保護しなければならなかった」(GA40, 113)。存在と仮象のこの戦いは、プラトンの哲学において、天上界の真に存在するものと下界の仮象との分断にもたらされることになったが、「早期ギリシアの思索者たちの思索にとって、存在と仮象の統一と相剋(Widerstreit)は、根源的に強力であった。ただし、このことはすべて、ギリシア悲劇の詩作のなかで、最高にかつ最も純粋に描写された」(GA40, 113-114)。そしてその実例としてハイデッガーの選び出すのが、『オイディプス王』である。

(二) 半神としてのオイディプス?

この講義でもハイデッガーは、『オイディプス王』の作品に即した分析を行っているわけではない。しかし、上述の「仮象」や「ドクサ」の語義解釈を踏まえて、自らの真理理解に即した要約を提示している。少し長くなるが、後の考察のため、まずその要約を引用することにする。

> オイディプス、初めは国家の救済者にして君主であったオイディプスは、名声の輝きと神々の恵みのうちにあったが、この仮象、すなわちオイディプスそれ自身の単なる主観的な見解ではなく、彼の現存在の現出がそのうちで生起する、その仮象から弾き出され、ついには父を殺害し母を辱めた者としての自らの存在の非覆蔵性が生起してしまう。輝きのかの初めから恐怖のこの終わりへの道は、仮象（覆蔵性（Verborgenheit）と偽装性（Verstelltheit））と非覆蔵性（存在）の間の比類なき戦いである。先王ライオスの殺害者という覆蔵的なものが町を取り巻いて広がっている。輝きの開顕性（Offenbarkeit）のうちに立ち、そのようにしてギリシア人である者、その者の激情（Leidenschaft）によって、オイディプスはこの覆蔵的なものの開蔽（Enthüllung）に赴く。そのとき彼は、一歩一歩自分自身を非覆蔵性のうちへ置き入れざるを得ない。結局彼がその非覆蔵性を耐え抜くには、かろうじて、自分自身の両眼を突き刺し、すなわち、自分自身をあらゆる光の外に立て、隠蔽する（verhüllend）夜を自らの周りに広がらせ、眼のつぶれた者としてすべての戸を引き開けるように叫ぶ他なかった。それは彼が、民衆の目に、彼がそれで有るところの、まさにその者として露わになるためであった。（GA40, 114）

一読して、直前まで考察してきた諸々の概念が巧みに織り込まれているのがわかるであろう。ハイデッガーは、われわれがオイディプスを没落する人間としてのみ見てはならず、むしろ、オイディプスのなかに、「その根本の激情が最も広くかつ荒々しいところまで突き進んだギリシア的現存在の形態を把握」(*ibid.*) しなければならないと言う。そしてその激情は、「存在を開蔽する激情、すなわち存在それ自体をめぐる戦いの激情」(*ibid.*) である。ヘルダーリンがオイディプスについて語った「一つ多過ぎる眼」を、ハイデッガーはこの激情として捉える。「この多過ぎる眼は、一切の大いなる問うことと知ることとの根本制約であり、またその唯一の形而上学的根拠である。ギリシア人たちの知と学問はこの激情である」(*ibid.*)。

ここでオイディプスを突き動かしたと見なされている激情は、単に主観的なだけの情熱からは区別される。ハイデッガーは、前節で扱った一九三四／三五年の講義で、「激情 (Leidenschaft)」と、そのなかに含まれる「苦悩 (Leiden)」とを取り出してくる。ヘルダーリンが「快き青さのなかに……」の詩のなかで繰り返した「オイディプスの苦悩」を受けているのは明らかであろう。しかし、今度は同じ講義の後半、詩「ライン」の解釈の過程で、神々と人間との間に立つ「半神たち (Halbgötter)」の存在を「運命 (Schicksal)」と関係づける文脈でのことである。ハイデッガーによれば、「運命」は詩「ライン」の「根本語」であり、「半神たちの存在《あり》を表す名前」である (GA39, 172)。詩「ライン」に沿った「運命」の語の解釈は、講義の前半で「言葉の本質」との連関で考察されたオイディプスが、改めて「半神」ということから照し返されることを示している。

「半神」とは、前章の最後に触れたように、ギリシア神話で神と人間との間に生まれたとされる存在である。「人間を超える者たち［超人］（Übermenschen）」であるとともに「神々の下の者たち［下神］（Untergötter）」である「半神たち」（GA39, 166）は、神話的には「英雄」とも言い換えられるが、他方で、神にも人間にもなりえない「間」の「苦悩」を背負うべき存在であることをハイデッガーは重視する。

人間にとって自らの存在を超えるような存在は、つまり超人的な存在は、当の人間がまさに自らを襲い来るものとして、しかもそのことに真に苦悩するという仕方で受け止めることでのみ、開かれうる。ハイデッガーによれば、この「苦悩」こそが、「激情」として把握されるべきものの根源である。そのうちで存在が運命として露わになる苦悩は、単に受動的なものではなく、むしろ能動的に関わるべきものとして、創造的でさえある。苦悩が窮迫を開くからである。そして、「この苦悩のうちで初めて運命が、つまりただ目の前にあるのではなく天命（Schickung）である運命、われわれに送り遣わされた（geschickt）運命がわれわれを捉えるのである」（GA39, 176）。「運命は、われわれをわれわれの使命（Bestimmung）に向けて送り遣わす」（*ibid.*）のであり、しかもわれわれ自身がこの運命のなかに自らを送り遣わす（schicken）ことで「相応しいもの（das Schickliche）」を知り、それを意志するとハイデッガーは述べる。(3) ハイデッガーお馴染みの言葉遊びではあるが、ドイツ語の「運命（Schicksal）」という語に響いている動性を聞き取り、「存在」を「送り遣わされたもの」として受け止める。この着想が「存在の歴史的運命（Seinsgeschick）」、そして「存在の歴史（Seinsgeschichte）」に繋がっていくが、ドイツ語に即した考察であるからと言って、論じられている事柄がドイツ語世界だけに通用するということではない。むしろ、「有る」という単純な事柄のうちに、それがわれわれ自身を超えたものとして送り遣わされたという面と同時に、われわれもまたそのうちへと自らを送り遣わすことで自らの「有る」を作り上げていくという面とを見出していくのである。ハイデッガーの術語を使えば、われわれがそのうちへ投げ入れられつつ投げること、つまり被投的企投としての運命の普遍的な事柄の意味内実を根本的に取り出していると言えるであろう。

この箇所で、ハイデッガーが特にオイディプスの名前を出してくるようなことはない。しかし、この解釈の過程で、オイディプスが念頭にあったことは明らかである。というのも、詩「ライン」の解釈のさらに後では、この詩の第三連のなかの詩句「最も盲目的な者は、しかし、神々の子ら。〔…〕神々の子らには、何処へ行くべきかを知らぬという過ちが、その未経験な魂に与えられているのだから」（III 40-45）を踏まえて、次のように言われているからである。「今やわれわれは、これらの半神たちがどの程度まで最も盲目的な者であるかを予感する――すなわち、彼らは他のどの存在者（Wesen）も見ないような仕方で見ようとするからである。彼らは眼が一つ多過ぎる、つまり、根源への眼差しを持っているからである。そのような眼差しは〔…〕根源的な結合を遂行する。ただ根源を護るがために不遜さへと駆り立てる、根源自身のうちに基づけられた、この半神たちの本質の敵意――これこそが過ちなのだ」(GA39, 267)。

今や、ハイデッガーにとって「一つ多過ぎた眼」を持った激情の主オイディプスは、神々と人間との「間」に立つ者、つまり半神に匹敵する者、いな半神そのものですらある。人間の身でありながらアポロンの領域に近づくことになり、しかもこの神の圧倒的な力によって没落せざるを得なかったオイディプスが苦悩のなかで引き受けたもの、それが「運命」としての独自な存在であった。そのようなオイディプスの存在を規定するものこそが「一つ多過ぎた眼」であった。眼が一つ多過ぎるがゆえの盲目性という表現は矛盾に他ならないが、自分の固有な存在が「本当に(in Wahrheit)」、つまり「真理において」見えていなかったオイディプスは、しかし、その存在に根源的に結びつけられているがゆえにそこから逃れることもできず、最後に自らの存在が露わになったとき、つまり非覆蔵性に立ったとき、自らの手で両眼を潰すより他はなかった。最後の「コンモス(歎きの歌)」のなかでコロスに対してオイディプスが語るように、そのような運命をもたらしたのはアポロンであった。それに対し、両眼を潰したのは、あくまでオイディプス自身の意志、あるいはハイデッガーが強調するところによれば、オイディプスの激情であった。そこには、ハイデッガーが『存在と時間』の術語を使って述べるように、「被投性」の投げの軌道のなかにあってなお「企投」による能動的な、そのかぎりにおいて創造的な働きが認められる。しかし、この働きもなお、オイディプスをさらに超える運命の力に依るのだろうか。オイディプスが、全知のアポロンと同じ知に立つには、つまり人間を超えて神に近づくには、自ら肉眼をつぶし、テイレシアスと同じ境遇に身を置かなければならなかったこと、それでも最終的には死ではなく盲目となって生きることを選び取ったこと、このようなオイディプスの存在を導いたものこそ、「一つ多過ぎた眼」であった。すでに引用した「快き青さのなかに……」の詩の締め括り、「生は死、そして死はまた一つの生」で言われる、死と一つになった生は、まさにこの「一つ多過ぎた眼」によってオイディプスにもたらされた。

前節でわれわれは、ハイデッガーが、ヘルダーリンの「一つ多過ぎた眼」についての解釈の連関でオイディプスの「知ろうとする意欲」に触れているのを確認した。ギリシア的な原初の知に通じるこの「知の意欲（Wissenwollen）」の語は、『形而上学入門』の最初でも触れられ、『存在と時間』の基本術語の一つ「決意性（Entschlossenheit）」との連関にもたらされる。「決意性」とは、この語の組成が示すように、「脱-閉鎖性（Ent-schlossenheit）」、つまり「開-鎖性」を意味する。「決-意性［開-鎖性］とは［…］あらゆる行為を先んじて捉え、また貫いて捉える、行為の原初である」（GA40, 23）。「原初」の語が用いられているのも、ギリシアにおいて存在をその覆蔵性から剥離させる行為、知と一つになった行為の典型がオイディプスに見られるからに他ならない[4]。ただし、この行為は、オイディプス自身の主体的な自己探求といったものではない。先に挙げた『オイディプス王』の要約のなかで、ハイデッガーは、オイディプスが「一歩一歩自分自身を非覆蔵性のうちへ置き入れざるを得ない（müssen）」と語っていたが、ここには、知の意欲による行為が同時に「必然性」に導かれたものと捉えられているのを認めることができる。

ところで、「見ること」のうちに見て取られた、神と人間との「間」的性格は、同じく「聞くこと」についても言われうる。ここでは、視覚と聴覚の区別といったことは問題ではない。いずれも、「激情」と言われたギリシア的な知を表すものである。

三たび一九三四／三五年のヘルダーリン講義に戻れば、ハイデッガーは、神々の「憐れみつつ聞くこと」と死すべき人間の「聞こうとしないこと」に対して、その間に立つ詩人の「耐え抜きつつ聞くこと」を「苦しむこと」と捉え、それを「自らの根源を聞くこと」としている（GA39, 197ff.）。ここでは半神ではなく詩人が名指されているが、神々の合図を受け止めて人間のもとに伝える詩人は、ハイデッガーの解釈のなかでは、同じく神々と人間との間に立つ半神と重ね合わされるがゆえに、ここでは、神アポロンの神託と人間の言葉との間に立って、それらを聞くことで翻弄されるオイディプスの位置づけを確認することができる[5]。

このようにして、ヘルダーリンの詩作をもとにハイデッガーが半神に重ね合わせたオイディプスは、彼自身の独自な「存在」そのものに結びつけられる。しかも、激情に導かれてギリシア的な知が向かう「存在」は、すでに本章で確認したように、「仮象」との根源的な戦いにおいて戦い取られるべきものである。このような存在経験こそが、ハイデッガーにとっての原初に他ならなかった。ハイデッガーの原初理解に立って、改めてこの悲劇の位置づけを確認することにしたい。

（三） 仮象の悲劇

ハイデッガーは、『オイディプス王』に触れる過程で、同時代のドイツの代表的な古典文献学者カール・ラインハルト（一八八六～一九五八）の著作『ソポクレス』（一九三三年）に言及し、そのオイディプス解釈が「存在と非覆蔵性と仮象との根本諸連関から悲劇の生起を見て問うた」がゆえに、従来のあらゆる解釈の試みよりも「ギリシア的現存在と存在とに本質的に接近している」と言う（GA40, 115）。そして、「近代の主観性と心理主義」（*ibid.*）が混じっているとするものの、『オイディプス王』を「仮象の悲劇」とする解釈を高く評価する。

たしかに、ラインハルトは、上記著作の『オイディプス王』を扱った章で、この作品を人間の運命の悲劇の典型などではなく「人間の仮象の悲劇そのもの」であると見なし、しかもその場合、パルメニデスのもとでドクサとアレーテイアがともに考えられるように、仮象と存在がともに考えられなければならないとしている。「仮象から出ようとする戦いと抵抗は、さしあたっては目立たない仕方で、とはいえしかし、神によって課せられた探究の開始とともに、始まっている」[6]。ラインハルトは、ソポクレスの他の作品、とりわけ『アンティゴネ』との対照のもと、また『オイディプス王』中のテイレシアス、クレオン、イオカステといった主要人物との対話を引き合いに出しつつ、仮象のなかにあるオイディプスがそのつど真理との間を揺れ動く仕方で進んでいく筋を説得的に取り出している。もっとも、仮象と存在との本質的な連関に注目しているとはいえ、ハイデッガーからすれば、「人間の仮象」という語が示すように、仮象を真理に対しては取り除かれるものとして、人間の側から、言わば主観的に捉えるところを残していると受け取られたのだと思われる。

ハイデッガーにとって、ラインハルトの区別した「運命」と「仮象」が共に本質的であったことは、先に考察した。ここでは、ラインハルトへの言及の際に語られた「存在と非覆蔵性と仮象」の三者の交差が、後述のように、この時期以降ハイデッガーの「原初」理解において重要な位置を占めるヘラクレイトスとパルメニデスとの連関で論じられることにも注目すべきであろう。『オイディプス王』についての考察を支えているのは、この原初理解である。『オイディプス王』は、存在と仮象のギリシア的な統一と相剋を最も際立つ仕方で展開したものであったが、それは同時に、原初的な思索者たちの洞察のうちに働いているものであった。

ハイデッガーにとっても、『オイディプス王』は「仮象の悲劇」である。しかし、ラインハルトと異なり、仮象は、存在あるいは真理の存立やそれらの認識を曇らせるもの、その意味で克服が目指されるべきものではない。ハイデッガーは、次のように言う。

現出としての存在それ自体には、仮象が属している。存在は仮象として、非覆蔵性としての存在に劣らず強力である。〔…〕しかし仮象は、存在するものを、それが本来それであるのではないものとして現出させるだけでない。また仮象は、それがその仮象であるところの存在するものを偽装するだけではない。むしろ仮象はその場合、自らを存在として示すことによって、自分自身を仮象としては偽装するのである（GA40, 116）。

ここでは、仮象の支配が存在にとってどこまでも本質不可避でかつ強力であることが再度強調されている。この文脈で注目したいのは、その直後にハイデッガーが、「存在と非覆蔵性と仮象の交差から明け開かれる空間のようなもの」を「迷い（Irre）」と呼んでいることである（*ibid.*）。先に第1章でも触れたが、「迷い」とは、ここでの規定が示すように、また他のテクストでもくり返し取り上げられるように[7]、ハイデッガーが「真理の本質」に認めた根源的な契機であり、決して人間の心理的な動揺や未決断を言うのではない。むしろ人間が迷わざるを得ないこと、さらに存在から逸れざるを得ないことも、人間が存在するもののただなかで、存在と仮象の支配のなか、そのつど存在するものに関わらなければならないことから理解される。『オイディプス王』への直接の言及が終わった後の記述であるが、存在と仮象との連関で取り出される「迷い」は、オイディプスの運命を翻弄させるものとして働く力、ギリシア語の「アーテー」、つまり「狂気」にして、それゆえの「破滅」を思い起こさせるであろう。先に言葉の問題の文脈で壊滅に触れたが、壊滅であれ、アーテーとしての破滅であれ、それは、存在が露わになるときに人間が引き受けざるを得ないものとして捉えられているのである。

以上、ギリシア悲劇に際立った仕方で現れた存在と仮象の統一と相剋は、しかし繰り返し語るように、ハイデッガーが原初に見出した根本契機である。存在と仮象の同時的な支配のなかにあってそれらを区別することが人間の知であること、そのことの経験から原初が開かれたというのが、ハイデッガーの基本的理解である。しかし、すでに見たように、存在と仮象の関わりのなかでは、本質的に非存在の力が働いている。「人間が自らの現存在を存在の明るさのなかで引き受けるべきであるならば、人間はこの存在を存立へもたらさなければならず、仮象のなかでかつ仮象に対して存在を保持しなければならず、仮象と存在とを同時に非存在の深淵から引き離さなければならない」(GA40, 117-118)。

存在、非存在(無)、仮象としてのドクサの三つの道を明確に言葉にしたのは、パルメニデスである。彼の教訓詩は、避けることのできない「存在への道」、通ることのできない「無(非存在)への道」に対して、通ることも避けることもできる道として、しかし同時にそのうえで迷わざるを得ない道として「仮象への道」を詠っている。第三の仮象の道をそのものとして知ることが、三つの道を区別しうることであり、知を持つことであった(GA40, 118-121)。

存在と仮象の対立と統一を同じく独自な言葉にもたらしたのは、ヘラクレイトスである。ハイデッガーは一般に、「自然本性は隠れることを好む」[8]と訳される彼の詩句(ディールス・クランツ版、断片一二三)を取り上げ、自らの真理理解に応じて、「存在(立ち現れつつ現出すること)はそれ自身のうちで自らを覆蔵することに傾く」(GA40, 122)と解釈する。

ハイデッガーの思想をこの時期以降強く規定する両者について今これ以上触れることは控えるが、

パルメニデスが存在を非存在から厳然と区別して存在の「恒常的な存続性」を捉えたのに対して、ヘラクレイトスは世界を「不断の生成」から捉えたかぎりにおいて両思想家は相反する立場に立つ、というような教科書的な哲学史理解は、ハイデッガーには無縁である。

この本節の最初で、われわれは、ハイデッガーが原初における「存在と生成」と「存在と仮象」の等根源性を指摘していることに触れた。両者の連関について言えば、一方で、生成のうちにとどまるものは、存在と無の間で「いまだない」と「もはやない」を含み、言い換えれば非存在に浸透されて、存在とは別様にある。そのかぎり生成は存在の仮象となって、存在から区別される。他方、既述のように、仮象は覆蔵性という由来を本質的に含み、絶えず覆蔵性からの立ち現れとそこへの退去の連関としてあるかぎり、仮象は存在から区別されつつ、存在の生成である。このようにして、「存在と生成」と「存在と仮象」は、等根源的であることが示されるのである。

4 残される問題

以上われわれは、ハイデッガーの立場から、オイディプスの存在が、非覆蔵性としての真理の具現する場そのものであり、存在と仮象の戦いの場であることを考察した。存在と仮象の戦いはさらなる第三の場を求めるのではなく、存在それ自体が仮象との戦いにおいて成り立つということである。オイディプスにとって、知の内実を成す真理は、自らの存在において戦い取られるべき非覆蔵性であり、その過程そのものがまた、オイディプスの存在であった。

最後にわれわれは、ハイデッガーの立場を踏まえつつ、『オイディプス王』の作品そのものの構造に沿って、改めてハイデッガーの思索との連関で残される問題を指摘してみたい。

今、オイディプスの存在が仮象との戦いから成ると述べたが、そもそも『オイディプス王』という作品は、存在と仮象の戦いが、多様な登場人物の相互関係を通して進展するよう巧みに仕組まれている。そしてその関係を導くものこそが、彼らの言葉である。アポロンの神託もまた、既述のように複数の者の口を通して告げられる。真理そのものである神託が、たとえばオイディプスが自らの素性を尋ねる場面におけるように、常に問いに対する直接の答えとならない仕方で現れること、それは、アポロンが神託として現在するとしても、それが人間の語る言葉を通してであるかぎり、常に何らかの隠れ、つまり覆蔵性を含むということを示している。さらに、それが聞く者に受け取られるかぎり、真理を語る同じ言葉が同時に真理を隠すものにもなりうるのであり、そこに、「語ること」と「聞くこと」との「対話」を通して世界内存在しているわれわれ人間の限界があり、それがまた同時に、われわれの存在であり世界である。

ところで、このようにしてわれわれが関わり行く世界という観点から眺めるとき、この作品構造の独自性を成すのが、劇の始まりにおいてすでにアポロンの神託は成就しているということである。苦しむ民衆の前に国王として立つオイディプスは、すでに父を殺し母を辱めた者として、言わば仮象の世界を生きている。

この仮象に覆われた存在から、劇が進行するに連れて仮象の覆いが剥がされ、しかも種々の言葉の介在によってその動きが揺さぶられ、しかし最終的にオイディプスの存在が非覆蔵性において露わになったとき、それは、すでに成就していながら覆蔵されていた神託が非覆蔵的になったことである。作品に即せば、アポロンの言葉がオイディプスによって十全に聞き取られたということであり、同時に、アポロンが見えないまま、つまり現象的には不在のまま、非覆蔵性において現前したということである。作品全体を最初から統べている真理は、さしあたって覆蔵されているが、もともと根底を統べているものであるから、最終的に露わにならざるを得ない。

ここには、独自な時間構造が確認できる。その事態を、『存在と時間』の術語を用いて確認してみよう。オイディプスがすでにそのうちにある存在が覆蔵されたまま持続するところには、「被投性」に対応する「時間性」としての「既在性（Gewesenheit）」が認められる。一方、そのなかで存在が次第に露わになる過程には、オイディプスの「企投」が存在を到来させること、つまり「将来（Zukunft）」が認められる。これら二つの契機を伴ってオイディプスの「現在」がある。ただし、『存在と時間』で提示された「時間性」の考察が、「現存在」の個的実存に定位したものとして見られるのに対し、

『オイディプス王』において存在と仮象の戦いによる真理の顕現は、オイディプスの個を超えたレベル、つまり他者との直接的な関係を含んだレベルにまで広がっている。オイディプスの共存在としての実存が生起する世界は、彼を取り巻く登場人物たちとの共同世界である。右に、覆蔵された「既在性」と呼んだもの、それはまさにこの共同世界を統べる「覆蔵性」に他ならない。

先には、オイディプスに自らの両眼を潰させた力は「運命」としか呼びようがないと記したが、『存在と時間』の「歴史性」の考察に即せば、それはもはや本来的実存の生起としての「運命」では包みきれないもの、その同じ箇所で共同体、とりわけ民族の生起として名指されていた「歴史的運命」に当たるであろう。要は、「運命」という事象を突き詰めていこうとするなら、それが自ずと共同世界を統べる力としての「歴史的運命」にまで向かわなければならないことを示している。しかも、その「歴史的運命」は、個々の「運命」の総和によって捉えられるものではない。

『オイディプス王』への言及自体がすでに『存在と時間』を離れた時期のものなので、この著作の概念を持ち込むことは、たしかに不適切かもしれない。しかし、それは逆から言えば、『オイディプス王』の作品において「運命」を問題にするためには、『存在と時間』の分析を超えた立場が求められるということである。『オイディプス王』の考察は、この観点からしても、『存在と時間』の自己超克の試みとして受け止めうるのである。

第4章 ソポクレス解釈（二）『アンティゴネ』

1 『アンティゴネ』へ

続いてわれわれは、『オイディプス王』と並ぶ、いや後世への影響からすればそれ以上とも言うべきソポクレスの代表作、『アンティゴネ』に対するハイデッガーの立場を考察しよう。

前章で取り上げた一九三四／三五年の講義では、ヘルダーリンの悲劇作品『エンペドクレスの死』第一稿中の一節、ソポクレスがアテナイの女性たちの太陽になっていることを詠うせりふを引いて、『アンティゴネ』を「詩作としてギリシア的現存在全体の創設（Stiftung）」（GA39, 216）と名ざしており、同時期のハイデッガーの代表的な芸術論「芸術作品の根源」では、作品として存在しているものの一例に「最高の校訂版でのソポクレスの『アンティゴネ』」（GA5, 26）を挙げている。ヘルダーリンによる『アンティゴネへの注解』にも随所で触れており、その意味では、ハイデッガーにとっても、ソポクレスは『アンティゴネ』の詩人であった。[1]

しかしながら、西洋精神史において繰り返し取り上げられたこの作品について、ハイデッガーが考察しているのは、作品全体の展開ではなく、「人間讃歌」と呼ばれる第一スタシモンの合唱歌のみと言っても過言ではない。本章で考察するように、作品全体からすればほんの一部にすぎない合唱歌に、ハイデッガーは決定的なことを見て取った。そのことは、ハイデッガーがこの合唱歌を取り上げた二度の講義、すなわち一九三五年夏学期講義『形而上学入門』と一九四二年夏学期講義『ヘルダーリンの讃歌「イスター」』から明らかである。七年の間隔を置く両者において、訳語の変更や新たな視点の追加が認められるが、解釈の姿勢は一貫している。後者の講義には合唱歌以外の箇所への言及もなされており、より踏み込んだ洞察をうかがうことができるが、それも最終的には合唱歌解釈と合わさった『アンティゴネ』解釈となっている。

われわれの課題が材料的に制約されていることは否めないが、以下では、二つの主題化を順次取り上げ、合唱歌を中心とする解釈を全体的に考察することで、ハイデッガーが『アンティゴネ』から読み取ろうとしたことは何であったのかを、取り出してみたい。なお最後に問題になるのは、ハイデッガーが七年の間隔を置いて『アンティゴネ』を二度取り上げたのは何故であったか、この両者の間に何を認めることができるかということであるが、このことについては、最終章において、ハイデッガーにとってのギリシア悲劇ということを総括する際に改めて検討することにしたい。

2　人間本質への問い——『形而上学入門』

（一）存在と思索

最初の言及は、講義『形而上学入門』の後半、前章でも取り上げた「存在の限定」の枠組みでのことである。繰り返せば、「存在と生成」「存在と仮象」「存在と思索」「存在と当為」という四つの定式のうち、合唱歌が考察されるのは、第三の「存在と思索」の文脈である。合唱歌の解釈が動いていく地盤を確認するためにも、まずはその定式の内実を見ておくことにしたい。

ハイデッガーによれば、「存在と思索」という区別は、「生成」や「仮象」が存在の立ち現れに関して登場した古代ギリシアに、すでに「ピュシスとロゴス」という仕方で現れていた。ハイデッガーは、ピュシス（自然）とロゴスの連関に、両者の根源的な統一と相互分離を見て取る。すでに『存在と時間』で、「存在の問い」の方法として選び取った「現象学（フェノメノロギー）」を、「パイノメノン」と「ロゴス」という、語の構成要素に分け、それぞれの根源的な意味の探索に向かいながら、前者を「それ自身から自らを示すもの」、後者を動詞のレゲインに還元して「見えさせること」とし、したがって「現象学」の本源的な意味を「それ自身を示すものを、それがそれ自身から自らを示すように、それ自身から見えさせること」（SZ, 34）と規定して、存在と知が密接に呼応し合うところに立脚しようとしたハイデッガーにとって、存在と思索の共属性は、形を変えて、思索の歩みを晩年まで規定することになる。

『存在と時間』から八年を経たこの講義でハイデッガーは、古代ギリシアにおける「ピュシス」がギリシア人たちの経験した「存在」であるとし、その意味内実を「立ち現れつつ統べること」(GA40, 16, 17, 134) と受け止める。他方、ロゴスとその動詞形レゲインは、第一義的に言語や語り、あるいは思考ではなく、「集めること」が原義だとする。したがってロゴスとは「収集」であり、それは根源的に「集めること」であると同時に、そのようにして「集められた状態」、「存続的に凝集しているもの」(GA40, 138) を意味する。ただし、それは何でもやみくもに集め回すことではなく、「互いに分離し対抗して争っているものを一つの共属性へ繋ぎ止める」(GA40, 142) ことである。ロゴスは、それ自体において統べるものであるピュシスに即してその全体を取り集めるのであり、そのかぎりピュシスとロゴスの関係には、現象学の原義との重なりが認められる。

ハイデッガーは、原初の思索者ヘラクレイトスがロゴスについて語った断片（ディールス・クランツ版、断片一）をもとに、ピュシスとロゴスとの根源的な連関、換言すれば、ピュシスへのロゴスの本質帰属性を取り出してくる。ハイデッガーは、この両者の連関を、同じく原初の思索者であるパルメニデスの言葉にも見出そうとする。ハイデッガーがパルメニデスの言葉のなかで最も重視する断片（ディールス・クランツ版、断片三）、「なぜなら思惟することとあることとは同じであるから(2)」と訳されるものをもとに、ある（有る）こととしてのエイナイを動的なピュシスに重ね合わせ、ピュシスの生起にはそれを認取するノエイン、ヌース（知性）が属すると受け止め、この断片が有（存在）との連関のもと人間本質の規定を示していると見なすのである。しかし、ノエインがピュシスのただなかで、しかもピュシスに対する人間の働きとして生起するがゆえに、人間には、有るものそのものとの相互対決が可能になる。こうして、ヘラクレイトスとパルメニデスは、いずれも原初にあって、「有ること」の経験のなかに人間的現存在の本質を見出した。ただし、彼らの語りが「詩作的思索」であるのに対し、ギリシア悲劇は、同じギリシア的な人間経験の「思索的詩作」であり、「ギリシア人の存在と（それに属する）現存在とがそのうちで本来的に創設されている詩作」（GA40, 153）に他ならない。こうして、人間存在のギリシア的規定を探るため、「補助と指示」を求めて「詩人的素描を聞く」ものとして選ばれたのが、『アンティゴネ』の合唱歌（三三二―三七五行）であった。

（二）合唱歌の導入

最初に、作品について基本的なことを確認しておくなら、『アンティゴネ』は、オイディプスとイオカステの娘アンティゴネを主人公とする物語である。(3) アンティゴネの二人の実兄ポリュネイケスとエテオクレスがテバイの王位をめぐって相討ちして亡くなった際、彼らの叔父にしてテバイの統治者クレオンは、次兄エテオクレスにはポリスの慣習に従った埋葬を許すが、他方の長兄ポリュネイケスは反逆者と見なし、その遺体を葬ることを禁じる。アンティゴネは、妹イスメネの諫止も聞かず禁令を破ってポリュネイケスを二度にわたって埋葬したため、クレオンによって死刑を宣告される。アンティゴネは牢屋で自害し、クレオンの息子でアンティゴネの婚約者だったハイモンも自刃、その悲報を聞いたハイモンの母、つまりクレオンの妻エウリュディケも最後に自ら果てることになる。

このような作品の展開のなか、最初の埋葬の事実を知ったクレオンが怒りの矛先を番人に向け、下手人を見つけるように命じる第一エペイソディオンに次いで、物語の展開上はまさに二度目の埋葬が進行している間に現れるのが、問題の合唱歌である。コロス（合唱隊）を構成するのは、テバイの長老たちである。

まずは、合唱歌全体を概観するため、ハイデッガーのドイツ語訳を翻訳して提示する。ただし、マックス・ニーマイヤー社から単行本として出版された『形而上学入門』に掲載されているドイツ語訳は、一九三五年の講義当初のものではない。講義がなされて一八年後の一九五三年に初めて公刊されたとき、次節で考察する一九四二年夏学期講義でのドイツ語訳が採用された。ニーマイヤー版に倣った全集版四〇巻と四二年夏学期講義の五三巻で、若干の語句を除いて両者にほとんど違いがないのは、そのためである。ペゲラーによれば、三五年の講義で用意されたのは、同年の七月にヤスパース宛てに書き送ったものであるとされ、七年後のものとは訳語や語順などでかなりの違いが認められる(4)。ペゲラーが自らの著作に掲載したものは、記号等に若干の変更を加えているが、以下では、最初の講義時のものに則す趣旨で、ヤスパースとの『往復書簡』に収められたものに基づいて訳を示す。
合唱歌は四つの詩節から成り、第一詩節（ストロペー）に続いて、第一反覆詩節（アンティストロペー）が、さらに第二詩節と第二反覆詩節という構成になっている。ハイデッガーのドイツ語をできる限りそのまま移すように努めたが、言葉のかかり具合などにより、行を入れ替えざるを得なかった箇所もある。

無気味なものは幾重にも統べている、
しかし人間にまさって無気味なものは何もない。
冬の吹き荒ぶ南風のもと
人間は泡立つ潮流に向かって船を漕ぎ出して行く。
そして深くまで裂かれて逆巻く大波のなかを
縫うように進んでゆく。
人間はまた、
神々のなかで最も高貴なるもの、大地を、
不滅にして疲れを知らぬ大地を疲弊させ、
その大地を年々、

馬たちとともにあちこち
犁を動かし、作り替える。

そして軽やかに舞う鳥の群れを
人間は網でからめ捕り、
野生の獣の群れを狩猟する。
また、海を泳ぎ回る生き物を
編まれた網で捕まえる。
すべてを熟思する男は、
山々で夜を過ごし彷徨ってゆく動物を、
策略によって打ち負かす。
粗いたてがみの生えた馬の首筋をも
決して手なずけることのできない山雄牛をも
首に縄を回して、人間はくびきへ無理やり繋ぐのだ。

そして言葉の響きにも

風のように素早い理解にも
また、町々を支配する気分にも
人間は順応した。
また、人間はいかに逃げるかを考え出した、
暴風雨やきびしい寒気の
矢のもとに晒されることから。
至るところへ向かいながら、けれども逃げ道はなく、
人間は何ものにも至らない［無に至る］。
押し寄せるもの――死だけは
人間はいかなる逃避によっても阻止することができない、
窮迫に満ちた長患いからも
適切に脱却することは成功するのに。

無気味なもの。辺りを警戒するように
支配しているもの。知の諸々の策謀――
人間はある時は悪事へ陥り、

また、ある時は勇敢なものに至る。
大地の掟と
呪文で呼び出される神々の権能との間で、そのなかへと深く入りながら
国家のなかで高く聳えつつ、その国家を失うことへ
向かい行く者、その者には、有らざるものが有る、
身を賭する危険のゆえに。
そのようなことをしでかす者が
私の竈の仲間とならぬように、
また、私との相談の席につかぬように。(5)

(三) 最も無気味なものとしての人間

ギリシア語テクストに対するハイデッガーのドイツ語訳が文献学的立場から見て問題を孕むことは、たしかに、これまで繰り返し指摘され、批判されてきた。しかし、ここでは、ハイデッガーがこの合唱歌から聞き取ったことを確認するために、その翻訳に沿っていくことにする。

ハイデッガーは、この合唱歌を三つの歩みにおいて解釈する。第一の歩みは、この合唱歌のなかから、核心となる詩句を取り出すことである。取り出される詩句は三つ。一番目の詩句は、冒頭の「ポ

ラ・タ・デイナ（polla ta deina）」に始まる二詩句である。

ハイデッガーによれば、合唱歌全体がこの二つの詩句の解釈であると言いうるほど、この詩句は決定的である。ハイデッガーはまず、ギリシア語の形容詞デイノン（deinon）の両義性を指摘する。デイノンであるのは、恐ろしいもの、制圧的なものであると同時に、力を行使するという意味で強力なもの、暴力行為的なものである。そして、制圧的であるのは全体における有るものであり、人間も有るものの一つとして制圧的なものに属している。しかし、人間はその全体のなかに有りながら、自らの力を行使して有るものに向かい行くかぎりにおいて暴力行為的でもある。このデイノンの両義性を備えた者として、人間は最もデイノンなものなのである。しかし、問題は、このデイノンにハイデッガーが「無気味な（unheimlich）」という訳語を与えることである。合唱歌に即せば、人間は、無気味なものが幾重にもあるなかで「最も無気味なもの」である。「無気味さ」の語は、『存在と時間』での「不安」の分析に際し、不安のただなかにある現存在の情態を表すものとして用いられた術語であり、後年までハイデッガーの思索を含意を変えながら規定する重要な語の一つである。今その詳細に立ち入ることはできないが、『存在と時間』では単独化した実存の被投性に関して使われた言葉が、新たな問題連関で、より射程を広げて取り出されていることに注意すべきである。

ハイデッガーは、先の両義性を踏まえつつ、敢えてその語に「無気味な」という訳語を与えたことを説明して、このドイツ語のなかに「わが家、家郷（Heim）」との繋がりで、「家郷［安住］的な

(heimisch)」と「家郷[安住]的ならず(unheimisch)」という連関の意味合いを響かせるのだと言う。当面の文脈で言うなら、人間はもともと慣れ親しんだもののもとに家郷にいるように安住していながら、その境界を踏み越えて、制圧的なもののなかへと突き進んで行く。しかも、制圧的という意味で慣れ親しんでいないもののただなかにあってなお力を行使すること、つまり暴力行為的であることが、最も家郷的に安住せざるものである人間の無気味さを際立てる。

このようなデイノンの意味を取り出した後、あくまでこの一番目の詩句の決定的な支配力を踏まえながら、ハイデッガーは、二つの撞着語法を二番目、三番目の詩句として取り出すのである。

二番目は、第二詩節の中心にある「パントポロス―アポロス(pantoporos aporos)」であり、三番目は第二反覆詩節の中心にある「ヒュプシポリス―アポリス(hypsipolis apolis)」である。前者では「ポロス(poros)」、つまり「通過、移行、軌道」が軸となって、後者では「ポリス(polis)」、つまり「国家」が軸となって、それぞれ対立的な方向性が結びつけられている。この読解は、ギリシア語のテクスト批判の問題と絡んでくるが、ヘルダーリンも『アンティゴネ』の翻訳ではこの箇所を撞着語法として解釈しており、ハイデッガーが依拠したオックスフォード版テクストも当該箇所を撞着語法として読むことは可能となっている(6)。

したがって、前者によれば、人間はあらゆるところに向かって軌道を開き、制圧的なものに向かって自らを通路づけながら、同時に、すべての軌道からはじき出され、逃げ道を失う。そのような挫折を通して、人間は自ら制圧的なもののなかで暴力行為的な自らの本質に向き合わされ、「アーテー、破滅（Verderb）」（GA40, 161）に襲われる。そのような意味で人間は「最も無気味なもの」である。

他方、後者では、「国家（Staat）」という訳語が用いられているが、ハイデッガーによれば、〈polis〉は一般的に理解されているような政治的意味での都市国家ではない。それはむしろ先の軌道の交差するところ、「人間自身の現存在の根拠と場所」（*ibid.*）であり、あるいはまた「現-存在が、そこにおいて、かつそのようなものとして、歴史的なものとしてある場（Stätte）、つまり現（Da）」（*ibid.*）である。神々や寺院や祭祀、祝祭や演劇、支配者や市民等、すべての存在するものが開かれる歴史的な場のなかで人間は、自らの力を行使することにより、存在するもののただなかで高く抜き出つつ、他方また、自らの居場所を失い、孤独になり、境界もなく、規約もなくなる。このような意味でも人間は安住するものとならず、したがって「最も無気味なもの」である。

以上第一の歩みでは、三つの詩句を抜き出しつつ、二番目、三番目の撞着語法を一番目の両義的なデイノンに結びつけ、人間を相対立する方向性の間で漂う不安定なものという意味で「最も無気味なもの」とする解釈が明らかにされた。

続く第二の歩みは、第一の歩みから取り出された内実を、具体的な詩句に即して確認する。すなわち、第一詩節とその反覆詩節において、制圧的である「全体における有るもの」は、荒れ狂う海や疲れを知らない大地あるいは鳥獣の群れなど猛威をもって人間を取り巻くピュシス、つまり自然として語られる。暴力行為的にそのなかに突き進む人間は、親しみ慣れた領域を踏み越えて行くが、むしろそのことによって、それらの自然が持つ強力で制圧的な力を開く。自然の制圧的な力を開くこの力こそは、最終詩節で語られる「テクネー」に他ならない。そしてこの語を「知」と訳すところに、第2章での学長就任演説「自己主張」に通じる姿勢を認めうるのである(7)。

第二詩節とその反覆詩節では、言葉や理解そして気分が語られているが、これらもまた、人間存在における制圧的なものであるとハイデッガーは語る。先に、制圧的という意味での全体における有るものに属するものとして人間が制圧的であるとされた、その意味がここで明らかになる。ハイデッガーによれば、人間存在を特徴づけるこれらの力を、人間は自ら意のままに支配できると思い込んでいる。しかし、これらの力が一見近づきやすく見えるところに、却ってこれらの力の無気味さがある。詩作や思索、そして耕作や国家創造をも可能にする制圧的な力が、海や大地より身近なところに、つまり人間の存在自身のうちにある。ここで、われわれは、ハイデッガーが「無-気味さの生起にわれわれが初めて全き仕方で突き進むのは、われわれが同時に仮象の力を、そして仮象との戦いを、その現存在への本質帰属性において経験するときである」(GA40, 160)と述べていることに注意したい。その うえで、合唱歌の先の撞着語法〈pantoporos aporos〉を再び取り上げるように、「逃げ道のなさとは、むしろ人間が、自分の軌道の上で立ち往生し、自分が拓いたものに絡めとられ、この自縄自縛の状態で自分の世界の範囲内を移動し、仮象のなかに巻き込まれ、そのようにして存在から締め出されることによって、絶えず自分で拓いた道へと投げ返されることにある」（GA40, 166-167）と記している。講義全体の展開を踏まえるなら、この合唱歌の解釈の直前に主題化された「存在と仮象」が背後にあるのは明らかであろう。すぐ後には、暴力行為的なデイノンが作り出す軌道の多方向性が実はまた逃げ道のないことに他ならず、その逃げ道のなさについて、自分がそのなかでさまよっている仮象を熟思する道からも締め出されていると語り、仮象の力の強さを繰り返しているのである。

しかしながら、技術的な知による人間の力の行使（暴力行為）も、「死」の前には挫折する。「死」は、「端的に、かつことさらに、すべての親しみ慣れた家郷的なものから決定的に追い出してしまう、この無気味なもの」（GA40, 167）であり、「人間は、存在するかぎり、死の逃げ道のなさのうちに立っている。そのようにして現-存在は、生起する無-気味さそのものである」（*ibid.*）。

この後、ハイデッガーは両義的なデイノンを、詩節のなかのディケーとテクネーの語を取り出してさらに補説する。通常は「正義」と訳されるディケーが、「制圧的なもの」としての全体における有るものを、まさにそのようなものとして統べる「秩序」という意味での「正当さ（Fug）」とされる。先に第2章で考察したように、ディケーは、法律的・道徳的なものである以前に事物の存在構造を成すものであり、それは「接合（Fuge）」の正当さである。このようなディケーは存在を統べるものとしてテクネーをも意のままに支配する（verfügen）が、他方で「力の行使」として暴力行為的でもあるテクネーは、ディケーに貫かれた「全体における有るもの」に立ち向かう。ここに、ディケーとテクネー両者の相互対立性が認められる。しかしながら、ハイデッガーによれば、テクネーも制圧的なものを制御し尽くすことはできないがゆえに、人間は全体における有るもののなかで接合の「正当さ」と「不当さ」の間を動かざるを得ない。第2章で、アナクシマンドロスの箴言がディケーとともにアディキアーに触れているのを見たが、正当さと不当さとの対立的な相互連関は存在そのものを規定するものであるからこそ、人間存在をも統べると考えられるのである。

最後に第三の歩みでは、両義的なデイノンをもとに取り出されたディケーとテクネーとの相互対立性が、改めて、最も無気味なものである人間存在と連関づけられる。先に第3章で「アーテー」、つまり狂気にして破滅に触れたが、ハイデッガーはここで「アーテー」を「破滅（Verderb）」の語で押さえたうえで、デイノンの対向性を「破滅」が根本から統べていると言う（GA40, 171）。存在の制圧的な力に対して人間が力を行使するには彼自身砕け散らざるを得ないが、そのようにして存在の侵入の「裂け目（Bresche）」になることこそが、人間の「現-存在」として受け取られるのである。ディケーとテクネーの関係は、ここから、合唱歌解釈の前にヘラクレイトスとパルメニデスに即して確認された存在と人間本質の連関に重ね合わせて考察を試みられるが、われわれの当面の課題として、合唱歌に関する言及は以上で十分であろう。すでに明らかなように、本講義での合唱歌の考察は、『アンティゴネ』の作品そのものに立ち入ることなく、存在と人間本質との古代ギリシア的な連関を照らし出すという意図のもと、あくまで「存在と思索」という枠組みのなかを動いているのである。

3　アンティゴネの本質――ヘルダーリン「イスター」の解釈

(一) 河流の本質

本章の最初に述べたように、ハイデッガーは、講義『形而上学入門』から七年後、一九四二年夏学期講義『ヘルダーリンの讃歌「イスター」』で再び人間讃歌を取り上げる。ヘルダーリン講義としては、一九三四/三五年の『ヘルダーリンの讃歌「ゲルマーニエン」と「ライン」』、一九四一/四二年の『ヘルダーリンの讃歌「回想」』に続く三番目のものである。「イスター」とは、もともとドナウ河の下流に当てられたギリシア語名「イストロス」に由来するが、ドイツの様々な河流を詠う詩人ヘルダーリンの作品として、ハイデッガーは、「ライン」同様、その河流の動性についての独自な考察を軸に解釈を展開する。講義全体は、全集編者によって、内容に沿って三つに区分され、河流の本質を主題にする第一部と第三部に挟まれる第二部が、『アンティゴネ』の解釈に関わるものである。

まずハイデッガーは、第一部で詩「イスター」の詩句に直接向かうことなく、この詩および詩「民衆の声」のなかの詩句をもとに、河流の本質として、「場所性（Ortschaft）」と「遍歴性（Wanderschaft）」を取り出す。いずれの河流も大地の特定の場所を流れ行き、人間の住む場所を規定することで、人間を彼自身の固有なもののもとへもたらす。そのようにして地上での人間の滞在を規定する仕方、場所が場所である有り方、つまり場所の本質が、場所性である。他方、源流から流れ出て大地を一定の軌道をとって流れ行く河流には、由来と将来を含む遍歴がある。このような遍歴の本質的性格が、遍歴性である。ただし、由来と将来は、過去から未来へというように一方向的に見られるべきものではない。ハイデッガーは、既在のものと到来するものそれぞれへの関わりのうちで想起と予感がともに独自に結びつくのを見ることで、固有な時間理解と歴史理解を示す。ハイデッガーによれば、場所性と遍歴性は、歴史的人間が地上のある場所を自らに固有なものとなし、そこに住むようになること、そして家郷のように馴染み親しむこと、つまり「家郷的になること（Heimischwerden）」の根本動向を統一的に担うものなのである。すなわち、河流とは、「ある覆蔵された根源的統一における場所性であり同時に遍歴性」（GA53, 46）である。

ここで重要なことを二つ指摘しておこう。一つ目は、家郷的になることが問題になるとき、そこには、人間がさしあたっては家郷的になっていないということが含まれること、そこから二つ目として、家郷的になるという生成には、その生成を助けるものが必要とされることである。そしてそのものこそが「異郷的［異質］なもの（das Fremde）」であり、「異郷（die Fremde）」の通過、「異郷」との対決に他ならない。家郷的なものとは、もともと自らに備わっている固有なものであるが、そうであるがゆえに、そのままでは却っていまだ真に固有なものとして獲得されていない。ハイデッガーは、「固有なものの自由な使用が、最も困難なことである」（HS3, 460）という、ヘルダーリンが友人ベーレンドルフに宛てた書簡の一節を念頭に置いて、固有なもののうちに住み慣れることが最も困難だと受け止める。家郷的になることが求められるところは、そこだけ取るなら、いまだ家郷的でも異郷的でもない。そうであるからこそ、異郷的なものの経験が決定的となる。ただし、異郷的なものとは、単に固有でないというだけのものではない。「帰郷に関連づけられた異郷的なもの、すなわち帰郷と一に結びつく異郷的なものは、帰郷の由来であり、固有で家郷的なものに属する、既在の原初的なものである」(GA53, 67)。異郷的なものは、やがて「家郷的ならざるもの(das Unheimische)」とも言い換えられ、家郷的なものはそれ自身のうちに家郷的ならざるものへの関連を含んでいるとされる。家郷的ならざるということに含まれる否定〈un-〉の意味を含んで、家郷的なものと異郷的なものとの関係が肝心の問題になるが、それが原初(Anfang)と関連づけられていることにも、注意しておきたい。

この家郷と異郷のモチーフは、もともとヘルダーリンが自国ドイツ人と古代ギリシア人との間に認めた「固有なもの(das Eigene)」と「異質なもの(das Fremde)」という対立契機を、歴史の根本法則を成すものとしてハイデッガーが取り入れたものであった。ハイデッガーは、ヘルダーリンが異郷ギリシアの詩人ピンダロスやソポクレスに向かった根底に、「固有なもののうちで家郷的になること」を「詩作の唯一の気遣い(Sorge)」としたヘルダーリンの河流の詩作の本質を見出した(GA53, 60)。この洞察が、続く第二部のソポクレス『アンティゴネ』の合唱歌の解釈を導くことになる。ただしそれは、ヘルダーリンとソポクレスの関係を文学史的に実証するというようなことではない。両者の関係が主題であれば、ヘルダーリン自身によるソポクレスの翻訳を検討することが必要となろうが、ハイデッガーはその翻訳に言及しはするものの、それを扱うためにはヘルダーリンの訳業全体とギリシア語の検討が必要であると断って、自らの翻訳で向かうのである。もちろん、問題はそのような形式的理由ではなく、後で見るように、ハイデッガーにとって、ヘルダーリンの詩作とソポクレスの詩作がともに、翻訳の問題を含めた両者の連関において取り組まれるべき課題になったからに他ならない。「翻訳（Übersetzen）」とは、ドイツ語で「移し（über）置く（setzen）」という語の構成が示すように、異郷の言葉を自らの母国語に移し置くことによって、ふだんはほとんど素通りのままに受け入れている母国語の世界を真に自らに固有なものにする道である。こうして、ヘルダーリンの詩作に絶えず鳴り響く「唯一の詩人の唯一の詩作品」（GA53, 63）こそが、異郷の詩人ソポクレスの『アンティゴネ』であった。「イスター」解釈のなかで、『アンティゴネ』の合唱歌を取り上げること、それは取りも直さずこの作品を、河流の本質から受け止めること、言い換えれば、否定の契機を孕みつつ家郷的になることから受け止めることを意味するのである。

（二）作品への踏み込み

ハイデッガーは『アンティゴネ』の考察を、「昇り来る太陽への呼びかけ」（GA53, 64）で始まるパロドス（入場歌）から始める。そして、町全体に降り注ぐ光のなかに、すでに暗い翳りが覆蔵されていることを指摘する。それは、たとえばすぐ後に展開するアンティゴネとクレオンの対立だけを言うのではない。「およそ有ると言えるものはいかなるものも、反対本質によって本質を貫き統べられている（durchwest）」（*ibid.*）。光り照らされる町も、前夜までの戦争そしてアンティゴネの兄二人の相討ちによる死、要するに、相対立するものに統べられているのである。

考察の重点は合唱歌に置かれるが、冒頭で述べたように、七年の月日を経てハイデッガーは、新しい翻訳を提示する。四つの部分が取り上げられ、「それらの共属性において歌の覆蔵された趨勢」（GA53, 73）を成すと言われる四箇所のうち、三つは先の講義でも取り上げられたものであるが、イスター講義では、四つの部分の解釈も河流の本質に関わるものとして相互の連関性が際立たされ、何よりもそれらが人間アンティゴネについての解釈と結びつけて提示されるところに、この講義の独自性が認められる。

ハイデッガーが合唱歌の内的中心を、のみならず「この悲劇の本質根拠、それどころかソポクレスの詩作全体の本質根拠」（*ibid.*）を見出す冒頭の二詩節は、

> 無気味なものは幾重にもある。しかし、
> 人間を超えて無気味なものが聳え立って活動することはない。

というように訳し変えられた。

最も問題であるデイノンについては、恐ろしさとともに畏敬と尊重を呼び起こす対向的なものが働いていることを、先の講義同様「対向性（Gegenwendigkeit）」の語で押さえ、さらに、強大であるとともに暴力的、非凡で法外なるとともに巧みなというように、その対向的な多様性の覆蔵された本質統一を指摘する。それが「無気味さ」に込められた意味合いである。もともと最初の講義でもデイノンに認められていた両義性が、より意味を拡大して受け取られている。

一方、「無気味なもの」を受ける動詞ペレイン（pelein）が、三五年には「統べる（walten）」と訳されていたのに対し、七年後には「活動する（sich regen）」と訳し変えられている。ハイデッガーはこの動詞について、それがホメロスやヘシオドスでは一般に「エイナイ」、つまり「…である」の意味で知られ、ヘルダーリンもそのように訳していることを述べる。しかし、ハイデッガーによれば、この語は単にじっとそのままであることを意味するよりはむしろ、「それ自身から発して現れ来り、そのようにして現前する」（GA53, 88）という動的ニュアンスを含む。たしかに、ペレインに「統べる」という意味はない。ただ、前章ならびに前節でも触れたように、七年前の講義では、古代ギリシア人のもとでの存在経験がピュシスの語に表れていると捉え、その場合のピュシスを「立ち現れ-逗留しつつ統べること」（GA40, 19）と規定していた。したがって、このような理解の立場から、「無気味なもの」の存在を表すのに「統べる」の語を当てたことが考えられる。しかし、七年を経て、「人間よりも、人間にまさって」という通常の比較級を、「人間を超えて無気味なものが聳え立って（über ...

hinaus ... ragend)」というように訳し変え、動的な含意を強く出した動詞を用いているところには、右に述べたように、主語に込める無気味さの度合いが強く大きくなったことを認めることができる。

また、詩句中二箇所で撞着語法として取り上げられた二つの対句的文言はそれぞれ、「至るところを駈け回っているさなか、経験なく逃げ道を失って」と、「はるか高く聳え立っているその場、その場を失って」になっている。

たしかに、七年間で若干の単語の付加や変化はある。しかし、対句による対立構造という解釈の基本は変わらない。前者に関しては、七年前の講義同様、通常は、ポロスを含む二つの語を分け、後続の「何ものにも至らない［無に至る］」の語をアポロスに繋げて「何ものにも至らない通路はない」ということから「策に窮することなく」と訳される詩句を、ハイデッガーは、「人間がアポロスであるのはパントポロスとしてのみであり、逆もそうである」(GA53, 94) というように、ポロスそのものの対向性として読み取り、デイノンの対向性に結びつける。

後者に関しては、〈polis〉に充てられた訳語も、七年前の講義の解釈を活かすように「場 (Stätte)」という語に変えられている。さらに、「ポリスとはポロス (polos) であり、すなわち極 (Pol)、すべてがそのうちで、かつそれを回って、回転している渦である。ポリスとポロス、この二つの語において、合唱歌第二詩行で動詞ペレインの語っているまさしく本質的なもの、つまり恒常的なものと変転が名指されている」(GA53, 100)。ポリス自体が「極」として、はるか高くに聳えるとともに墜落へと引きさらう両極的可能性を持つゆえに、ポリスを歴史的な滞在の場とする人間もまた対向的可能性のなかで無気味なものになると解される。現実のポリスが戦闘と平穏、犠牲と賞賛の場となるのも、それが政治的国家だからではなく、ポリスそのものが両極的な本質を持つからこそ現実の政治的対立が生じるのだと受け取られるのである。ここで明らかにハイデッガーは、ポリス（polis）とポロス（polos）との語形的連関から記述を行っているのだが、二つの単語の間に、直接の語源的連関は確認できない[8]。ただ、たとえそうであるとしても、「ヒュプシポリス―アポリス」の対句は、ポリスという場をめぐって、「高く聳え立つ場、その場のなかで自ら他を凌駕する」一方「場を失う」という対向性を意味すると解すること、要するに、人間が自らの場において高く上る、あるいは上り詰めるとともにその場を喪失することを謂うと受け取ることは、可能であろう。場のうちで対向的にありうることが人間の本質であるとすれば、「無気味なもの」に含まれる対向性が、家郷的になるために家郷的ならざるものが求められるという両者の対立性、要するに家郷と異郷の関係に繋がることは明らかである。

以上のようにポロス（poros）とポリス（polis）それぞれを強い対立や緊張において見るとき、これら二つの撞着表現相互の関係も明らかになる。すなわち、ポリスとはポロスの、つまり人間が至る所を経過していく、まさにその場に他ならず、そうであるがゆえに、人間は自らの場を昇り行くことで、昇り過ごして場を失い、何ものにも至らないことにもなる。このようにして二つの対立詩句は相俟って、最も無気味な人間本質を語り出すことになるのである。

ハイデッガーが合唱歌のなかで最後に取り上げる四つ目の詩句は、七年前にはごくわずか触れられたに過ぎなかった締め括りの部分である。ここで問題になるのは、新たな改訳に即せば、「私と竈を共にせず、その想いが私の知と関わることもない者」である。この箇所も通常は、その前に詠われている詩句、先に言及した「ヒュプシポリス―アポリス」の後者アポリスのみが割り振られて「亡国の民」と取られるが、ハイデッガーは、上記三箇所を通じて「最も無気味なもの」である人間を対向的なものとして取り出す立場から、最も無気味なものである人間こそを締め括りの語句の主語として読み取ろうとする。そのように解するとき、最後に竈から排斥される者は誰なのかという問題、それは、合唱歌全体を通して、「最も無気味なもの」が具体的に誰なのかという問題と結びつく。この問題には、後で立ち帰ることにし、まずは、ハイデッガーの考察を確認することにしよう。

ハイデッガーは、合唱歌の締め括りの考察に際して、再びプロロゴスの、アンティゴネとイスメネの対話に着目し、このやり取りが後の合唱歌を指示するものだと受け止める。ハイデッガーが取り上げるのは、国の掟を破って兄ポリュネイケスの亡骸の埋葬に向かう姉の行為を諫めるイスメネが発する言葉、通常は「そもそも［アルケーン］できっこないことを求めてはいけないのよ」（九二行）[9]と訳されるものである。ハイデッガーは、そのなかの「ターメーカナ（tāmēkhana）」を「それに逆らっては何も果たせず、したがってそれ自体全く果たし得ないままであること」（GA53, 124）と受け止め、この行全体を、そのことを「原初［根源］として（als Anfang）」追い求めることは相応しくないというように解釈する。つまり、「アルケー」の対格の語を単独で副詞的に取らず、「ターメーカナ」と同格にして読むのである。ハイデッガーは、ヘルダーリンの『アンティゴネ』翻訳の当該箇所の「アルケーン」が「すぐ初めに（gleich Anfangs）」となっていることを挙げ、この語が一般には順序的な意味で用いられることを十分承知していた。そのうえで、敢えて彼は、この語に「ターメーカナ」との緊張を担わせ、人間がいかなる支配も処理も及ぼせないものとの関係を読み込む。すなわち、「アンティゴネは、［それに逆らっては］何も果たし得ないことを追い求めるのを、自分の本質の根源にする。彼女は、この歴史的運命を、それだけが相応しいこととして選ぶ。このことによって、彼女は家郷的ならざることを我が身に引き受ける」（GA53, 136）ということである。

ハイデッガーは、さらに姉妹の対話のなかアンティゴネが続けて語る「パテイン・ト・デイノン」の語に留意する。一般に「恐ろしい目に遭う」と訳されるこの語も、ハイデッガーからすれば「無気味なものを引き受ける」こととされる。すなわち、後に来る合唱歌の冒頭の語に先立つ仕方で、それがアンティゴネに引き受けられることを、詩人は予め述べているということである。プロロゴスの流れからこの語が意味するのは、「それに逆らっては何も果たし得ないこと」を選び取ることに他ならない。そして、それが自らの死であることをアンティゴネは知っていた。しかし、ハイデッガーからすれば、それこそが彼女自身の「家郷的になること」であり、しかも「かの家郷的ならざることのうちで、かつ家郷的ならざることから」であった（GA53, 129）。家郷的になることが家郷的ならざることを通してと考えられるとき、最も自己に適った仕方で死を迎えることが最も固有な生き方になることと、そしてそのために、対向的な場を経過してゆくアンティゴネの姿が認められる。われわれは、帰郷と結びついた異郷的なものが実は原初的なものであるというハイデッガーの主張を先に確認したが、彼が「アルケー（根源）」を「原初」として受け止めているのを踏まえるとき、アンティゴネが死の選択を自らの本質の根源にする行為は、自らの存在の原初に立ち帰ることでもあった。この点については最後にもう一度触れるつもりだが、少なくとも対向的な生を生きるアンティゴネが合唱歌に詠われる「最も無気味なもの」として捉えられることは確認できたと思われる。

（三）存在としての竈

以上のことを踏まえて、合唱歌の締め括りに向かうことにする。そこで語られるのは、「ヘスティア（竈）」をめぐる詩句である。ハイデッガーは、ヘルダーリン講義に際しての合唱歌の改訳において、先に触れたように、結語の部分も言葉に変更を加えている。

　このような所業をなす者が
親しき者として私と竈を共にせぬように、
また、その者の想いが私の知と関わることもないように。

竈とは、家のなかですべてのものを取り集める中心、神々のいる場、「家郷的であることの‐場」(GA53, 130) である。もし上述のようにアンティゴネが最も無気味なものであり、竈が家の中心として家郷的な場であるのなら、この詩句はアンティゴネこそが竈から排斥されることを詠っていることになるのではないだろうか。

しかし、ハイデッガーによれば、決してそうではない。たしかに、最後の詩句は、竈からの排斥を詠っている。竈が家郷的なるものであるかぎり、そこから排斥されるのは家郷的ならざるものであろう。しかし、この詩句は単なる排斥ではなく、むしろ家郷的ならざること、つまりそのような存在を問いに付すのである。最後の詩句のなかで語られている「知 (プロネイン)」は、竈のことを、つまり家郷的であることを知っているがゆえに、そこからいかなるものが排斥されるべきかをも知っている。竈とは一切の存在するものの中心、すべての存在するものがおよそ存在するものであるかぎりそこに関連づけられている中心であり、ハイデッガーによれば、存在である。竈についての知は、「家郷的ならず」という存在の二義性を知っている。すなわち一方で、家郷的ならざるものが、まさにその家郷的ならざることにとどまって、駆り立てられるままにさまようかぎり、家郷的になることはない。それは家郷的になることからの逃避や離脱にすぎない。しかし同時に他方、家郷的ならざることは、いまだ覚醒されず、決せられず、引き受けられずとも、家郷的でありうること、つまり家郷的になることがありうる。アンティゴネは、まさにこの後者の家郷的ならざることを引き受ける。そのようにして「ト・デイノン」を引き受けて苦悩することが、彼女の最高の行為になり、つまりはそのようにして家郷的になったのである。

以上のように解釈することで、ハイデッガーは、竈について語られた合唱歌の締め括りを、一切の家郷的なものが基づく家郷の場への合図だと見る。しかも、そこから排斥されるものを区別することで、家郷的ならざることを示す。排斥されるのは、竈についての知から区別されるものであるがゆえに、ハイデッガーはそれを「想い（Wähnen）」として訳し入れる。しかし、その排斥は同時に、家郷的になることの本質へと呼び入れるのである。

重要なことは、そのような合唱歌の解釈を受けて、「この結語は、それ自身のなかに、未展開でかついまだ実現されていないが、しかし悲劇全体において実現される、身を賭する危険（Wagnis）、すなわち、人間の本来的に家郷的ならざることと非本来的に家郷的ならざることとを分かち、そして決定する、身を賭する危険への合図を、覆蔵している」（GA53, 146）と述べていることである。アンティゴネの存在は、この意味における「最高に身を賭する危険」（*ibid.*）であった。

この言葉からも明らかなように、ハイデッガーにとってデイノンに定位した合唱歌の解釈は、悲劇作品『アンティゴネ』の、核心的ではあるが部分的な解釈といったものではない。むしろ彼は、そこにアンティゴネの本質を見出し、そして作品全体の本質を見出している。それでは、その本質とは何か。悲劇全体における「身を賭する危険への合図」を覆蔵しているとはどのようなことを意味するのであるか。この合唱歌が、分量的にも作品全体の初め四分の一辺りに置かれているかぎり、未展開でいまだ実現されていないと言われる、その全体への視座が確保されなければならない。

(四) 生と死の対向性

われわれは、ハイデッガーの合唱歌の解釈に定位しつつ、デイノンの両義性を、詩句に見出される二つの撞着表現と連関づけ、さらに締め括りの詩句まで考察した。これら四箇所の連関が、作品のなかではわずかな部分でありながら、その後に展開する悲劇全体を覆蔵していると言われるとき、それはどのようなことを意味しているのだろうか。対向性ということに即して再びハイデッガーの解釈と繋げてみよう。

『アンティゴネ』の主人公をアンティゴネとするかクレオンとするか、それとも相関的な両者とするかということは、この作品解釈に関わる本質的な問題である。[10] ただしハイデッガーは、両者を単なる対立として捉えるのではない。アンティゴネが「最も無気味なもの」と捉えられていることはすでに確認したが、合唱歌中のポロス (poros) とポリス (polis) がともに両義性のなかを動いていることにデイノンの対向性が読み取られるとき、その対向性は、クレオンにも認められる。すなわち、彼は、国王としてポリュネイケスの遺体の埋葬を禁ずる命令を出し、アンティゴネを岩穴の墓につなぐといった専制的暴挙の行為によってポリスのなかで聳える場に立ちながら、そのことによって最終的に家族を失って破滅すること、それは至る所を経過しながら無に至ることであり、その意味で彼もまた無気味なものである。他方、クレオンの命に背いて兄の埋葬に臨んだアンティゴネも、妹からの支えを得られず一人孤独に際立つことになり、ポリス内での居場所を失った。こと作品に限ってみれば、クレオンは生き、アンティゴネは死ぬ。しかし、「家郷的になること」の実現という観点から受け取るとき、両者の生と死は逆転した様相を見せることになる。

ハイデッガーが、アンティゴネとクレオンの違いについて、クレオンは一切の存在するものの場の内部で聳え立つのに対して、アンティゴネは一切の存在するものを超えて聳え立つと語るとき（GA53, 128-129）、それは、クレオンの無気味さがあくまでポリスのなかでの対向性にとどまるのに対して、アンティゴネの無気味さはポリスを超えて神々の正義の領域に向かうことを語っている。それを示すのは、ハイデッガーが作品に対する最後の言及として持ち出してくる、合唱歌に続くクレオンとアンティゴネの対話である。第二エペイソディオンで、二度目の埋葬現場を番人に見つかったアンティゴネが下手人としてクレオンの前に引き出される場面、自らの掟を敢えて踏み破ろうとしているのかと問い質すクレオンに対して、アンティゴネは次のように語る（四四九―四五七行）。ハイデッガーによるドイツ語訳から訳す。

私にこれを命じたのはつまり、ゼウスなどではありません、また地下の神々のもとに安住する正義の女神ディケーでもありません。
この掟を人間たちのもとに立てたのは、これらの神々ではなかったのです。
あなたの掟は、私にとって結局それほど強いものには思えませんでした。
かの書かれざる、揺らぐことのない神々の託宣を、人知でもって
踏み越えることなどできるでしょうか［いやできるはずがありません］。
これはつまり、何ら今とか、
あるいは昨日になって初めて、といったことではありません。それは、常にいつも、
本質現成しています。そして、それが何処から現れ出たか、誰も知らないのです。（GA53, 145）

国の掟を踏みにじることを非難するクレオンの言葉に対して、アンティゴネは、それを命じたのはゼウスでもディケーの女神でもなく、万物に先んじて常に本質現成しているものであると語るが、ハイデッガーはそれを「覆蔵されざる［非覆蔵的な］もの」（GA53, 146）と名づける。それは、アンティゴネに「送り届けられた（zugeschickt）」ものである。彼女自身が「ト・デイノン」を引き受けるとは、この覆蔵されざるものに匿われつつ家郷的になることであった。それはハイデッガーにとって、既述のように、一切の存在するものを超えつつ、そのことによってすべての存在するものを集める存在、その存在に帰属することである。この存在が、家の中心としての竈であった。ただし、存在とし

ての竈は、どこかポリスの中心に実体的に存するようなものではない。竈に赴くとは、ポリスのうちに有って、神々との関係においてポリスを超えつつ、送り届けられたものを引き受けること、アンティゴネが自らに固有なものを見出すこと、つまり自分自身の存在において家郷的になることと別ではない。したがって、最も無気味なものであるアンティゴネは、竈から排斥されるどころではなく、むしろ存在としての竈に開かれる。より正確には、もともと自らが属している竈を、真に固有なものにするのである。以上のことを、ハイデッガーの解釈に即してもう少し基礎づけておこう。

ハイデッガーが、『アンティゴネ』解釈の締め括りにアンティゴネに向けて語るのは、ヘルダーリンの詩「快き青さのなかに……」の最後の詩句「生は死、そして死はまた一つの生」の語である。この詩は、前章で触れたように、ヘルダーリンの詩のなかでもハイデッガーが最も多く引くものの一つである。「オイディプスはおそらく眼が一つ多過ぎたのだ」という詩句が現れ、後半にオイディプスの苦悩が語り出されるこの詩の、締め括りが右の語であった。したがって、すでに前章で確認したように、オイディプスについてこの語を用いるのは、きわめて自然である。しかし、それをアンティゴネに向けて語るとなると、事情は異ならざるを得ない。ハイデッガーは、『オイディプス王』と『アンティゴネ』の両方に、共通のもの、あるいは同じものを見て取ったのだろうか。だとすれば、そこにハイデッガーの『アンティゴネ』解釈と同時に、ソポクレス解釈をも見て取ることができるのではないだろうか。

改めてアンティゴネという人物に目をやるとき、そこにさまざまな死の契機が含まれているのは言を俟たない。もちろん、その大前提は、アンティゴネがオイディプスとイオカステの娘であること、したがって、その生には両者の生と死が血の繋がりによって映り、さらに、同じ両親から生まれた二人の兄の相討ちの死が映し出されてもいる。その意味で、アンティゴネの生には妹を除く家族四人の死が映っている。

しかし、生きながら冥界へ降りていくと言われ、そのためこの世の人ともあの世の人とも隔てられると語らざるを得ず、しかし同時に死した家族と相見えることを願いながら自らの生を絶ったアンティゴネの生（第四エペイソディオンを参照）は、最終的に死を選び取ることが最も固有なものを獲得することであった。人間の生に最も固有なものである死、問題は、この固有なものをどのように自らのものにするかである。肉親の幾重もの死が孕まれた生を自らの生として生きつつ、最終的にその生を全うするに自らの死でもってしたこと、ポリスの掟を敢えて踏み越え、家郷的であることに本質的な対向性を自ら担うことによって、つまり家郷的ならざることを通して家郷的になる道を歩んだこと、そのようにして自らの存在の根源への帰郷となったその歩みこそが、アンティゴネの死であり生であった。「送り届けられた（zugeschickt）」ものを自らに「相応しいもの（Schickliches）」として受け止めたこと、そこにアンティゴネの「運命（Schicksal）」が認められる。

以上のように読んでゆくとき、ハイデッガーがヘルダーリンの「イスター」解釈の間に『アンティゴネ』解釈を挟んだ意図は明らかである。アンティゴネの「家郷的になること」には、古代ギリシアのテバイという場所における彼女自身の存在の遍歴、つまり場所性と遍歴性の独自な統一が認められる。ハイデッガーが「ソポクレスの合唱歌とヘルダーリンの河流の詩は同じもの（das Selbe）を詩作している」（GA53, 153）と記し、「同じもの」は「等しいもの（das Gleiche）」ではなく、「異なったもの（das Verschiedene）」のうちにのみ認められるとするとき、彼は両者の間に、異なった歴史のもと異なった仕方で「家郷的になること」を詩作した呼応を見て取ったのである。

第5章 ディオニュソスをめぐって

1 ハイデッガーにおける「神」

ハイデッガーにおける「神」という主題は、常に問題であり続けている。それは、ハイデッガー解釈にとってということもさることながら、ハイデッガー自身にとってもそうであったと思われる。ドイツ南西部の保守的なカトリックの土壌に生まれ育ち、長じては神学部に進み、やがて哲学の道に転向して後もパウロ、アウグスティヌス、ルターに関心を寄せた彼が、後年神学部出身ということに触れて、「由来は、しかし絶えず将来に留まっている」(GA12, 91) と語らなければならなかったこと自体、「神」という主題の重さを表している。これらの事情から、この主題の考察に際して多くのハイデッガー研究がキリスト教の神に向かったとしても、何ら不思議ではない。

しかし、思索の途上において、とりわけ種々の講義録や死後公刊された覚書き集から明らかになったように、ハイデッガーは、キリスト教の神よりもむしろ、「神々」「最後の神」「神的な者たち」「神なるもの（ein Gott）」など、キリスト教的ではない神について語ることが多々あった。キリスト教の神に対する沈黙はなお問題であるとしても、右のような語りの背景には明らかに、西洋的伝統のもう一つの源流、古代ギリシアの神々が横たわっており、その背景にヘルダーリンの存在があったことも、容易に想像できる。しかし、改めてハイデッガーがそこからどのような内実を受け止めたかということになると、必ずしも自明ではない。本章の目的は、ヘルダーリンの詩作との思索的対話を通して受け取られた神々のうち、特にディオニュソス（バッコス）に着目し、若干の考察を試みることである。

ギリシア悲劇の上演が大ディオニュシア祭で行われたことから、ギリシア悲劇とディオニュソスの結びつきは言うまでもないが、ハイデッガーがヘルダーリン解釈を通して、神々と人間との「婚礼の祝祭」に着目していること、しかもディオニュソスが典型でもある「半神」の存在を重視していることから、ディオニュソスについて確認することは、ハイデッガーのギリシア悲劇解釈の考察にとっても不可欠だと思われる。

一般にディオニュソスと聞けば、ニーチェが『悲劇の誕生』で提出した「アポロン的―ディオニュソス的」という定式がすぐに思い浮かぶ。この定式自体は、その後ニーチェが自己批判的に取り下げるにせよ、ディオニュソスは、ニーチェにとって早すぎた晩年に至るまで決定的な意味を持ち続けた。そのニーチェのニヒリズムと本格的な対決を遂行したハイデッガーが、『悲劇の誕生』というテクストを、先の定式ともどもも主題化することはなかったが、ディオニュソスは、ニーチェを通してよりもむしろヘルダーリンを通して積極的に取り込まれた。そこには、「ヘルダーリンとニーチェ」という主題が自ずと映ってくる。これらの問題を考察することは、次章以降の課題となる。

それでは、ヘルダーリンを介して受け取られたディオニュソスとは、ハイデッガーにとってそもそもいかなる神、いかなる存在であったか。たしかに、ヘルダーリンについての講義や著作でディオニュソスに言及されている箇所は限られている。しかし、以下で見るように、ハイデッガーがヘルダーリンから引いてくる詩句には、ディオニュソスを詠ったものが目立つ。何よりも、右に触れたように、ディオニュソスに即して取り出す「半神」ということに着目するなら、ハイデッガーが半神を扱う根底には常にディオニュソスの存在があった。そして半神は神々と民、つまり民族ないし民衆との間に立って両者を媒介する詩人と重なり、さらに前章で考察した河流というモチーフを通して、一九三〇年代以降ヘルダーリン解釈と重なって展開する「原初的」、「存在歴史的」、「移行的」思索に結びつく。だとすれば、ディオニュソスは、半神という独自な事情によって、ハイデッガーのヘルダーリン解釈全体を映し出すと言っても過言でない。およそ以上のような見通しのもと、ハイデッガーにおけるディオニュソスを考察することにしたい(1)。

2 酒神ディオニュソス

これまで考察したように、ハイデッガーによるヘルダーリンとの思索的対話の基本姿勢は、一九三四／三五年冬学期の『ヘルダーリンの讃歌「ゲルマーニエン」と「ライン」』にすでに現れている。そして、まさにこのヘルダーリン第一講義に、ディオニュソスについての根本洞察が見出される。したがって、まずこの講義に定位して考察を進めることにしたい。

ハイデッガーがディオニュソス像を積極的に取り出すのは、ヘルダーリンの代表的なエレギー（悲歌）の一つ、一八〇〇年から一八〇一年にかけて作られたとされる「パンと葡萄酒」である。この表題は、一般にはイエス＝キリストの「肉と血」、つまりキリスト教の聖餐を意味するが、第八連で「パンは大地の果実、それでも天上の光によっても祝福されるもの、そして雷の神から葡萄酒の喜びが来る」（Ⅷ137）と詠われるように、ヘルダーリンにおいて「パンと葡萄酒」は、キリスト教の教義以前に、ともに大地の恵みとして受け取られている。この詩の草稿と第一稿には、「葡萄酒の神［酒神］（Der Weingott）」という表題が付けられていた。

ちなみにハイデッガーは生前、自らの葬儀の場で朗読するようヘルダーリンの五つの詩句を選んでおり、事実その通りに実行されたが、その最初の詩句と締め括りの詩句は、全九連から成る「パンと葡萄酒」のそれぞれ第四連と第三連からの抜粋であった[2]。

一方、この第一講義で重視するのは最後の三連であり、特に第七連は、講義の前半と後半、二度引かれることになる。第七連を掲げてみよう。

だが友よ、われわれは来るのがあまりに遅すぎたのだ。たしかに神々は生きている、
けれども、それは頭上を超えて高く、別の世界でのことだ。
神々はそこで休みなく働いているが、われわれが生きているかどうかなど、
ほとんど気にかけていないように思われる。それほどに天上の者たちはわれわれを労わってくれるのだ。
なぜなら、弱い容器は神々を常には容れることができず、
人間はただ時折り神的な充実に堪えうるだけだから。
生は神々を夢みること、けれども迷妄は
眠りのように助けとなり、窮迫と夜は人を強くする。
やがて英雄たちは青銅の揺籃のなかで十分に成長し、
心情の力は、かつてのように、天上の者たちに似たものとなる。
そのとき天上の者たちが雷鳴を轟かせてやって来る。その間私にはしばしば思われるのだ、

このように仲間なしにじっと待っているより、眠っている方がよいのだと。
その間に何をなすべきか、言うべきかを、私は知らない、そして、貧しき時代に詩人は何のために いるのかを。
けれども君は言う、詩人たちは、聖なる夜に国から国へと巡り歩いた
酒神の聖なる祭司たちのようだと。（Ⅶ109-124, GA39, 147-148）

この一連、とりわけ最後数行の詩句がいかにハイデッガーにとって大きな意味を持ったか、それは、彼がその後この箇所を繰り返し取り上げていることから明らかである。たとえば、この講義の翌一九三六年にローマで講演され、すぐ後に論考として発表された「ヘルダーリンと詩作の本質」は、右の第一講義とも重なる内容のもと、ヘルダーリン解釈の基本的立場を集約した論考であるが、その締め括りには、この同じ第七連が置かれている（GA4, 48）。しかも、その結論部を導いてくるのは、「貧しき時代に詩人は何のためにいるのか」という詩中の着想であり、それはさらに一〇年後、そのまま表題「詩人は何のために」（一九四六年）となって、論集『杣径』（一九五〇年）に収められた。

三六年の論考によれば、「貧しき時代」とは、かつての古い神々はこの世から遁げ去ってもはやない、それに代わる新たな神はいまだ到来していない、つまり「二重の欠乏と否定」（GA4, 47）に規定された「夜の無」（GA4, 48）である。ハイデッガーにとってヘルダーリンは、そのような貧しき時代の

なかで詩作することを使命として引き受ける詩人に他ならなかった。しかも、詩人は、祭司になぞらえられる仕方で酒神つまりディオニュソスと関連づけられる。祭司の聖性が神々不在の夜の聖性と重ねられていることにも留意すべきであるが、この「聖なる（heilig）」については後で取り上げたい。

ところで、神々がこの世界から離れ去っているというモチーフは、この第一講義で取り上げられる二つの詩が共有するものに他ならなかった。それはハイデッガーに即せば、詩作を規定する「根本気分」が同じであることを意味する。この講義は、前半第一部と後半第二部に分けられ、それぞれ表題にある二つの詩を軸に、ハイデッガーの読解が進められる。最初の詩「ゲルマーニエン」は、上記「パンと葡萄酒」と同じ時期に作られたものであるが、その冒頭の句、「いや彼ら、かつて現れた至福の者たち、かの古き国の神々の姿、そうだ、彼らを私が招き呼ぶことは、もはや許されない」（1～3）が示すように、この詩は、古き神々が遁げ去り、神々不在となった祖国を、詩人が河流と「共に嘆く」ことから始まる。講義中の言葉を使うなら、「神々の遁げ去り以来、大地は道なきものになっている」（GA39, 93, 224）。その「もともと道なき大地に軌道と境界を暴力的に創造する」（*ibid.*）のが河流に他ならない。ドイツを代表する大河ラインは、まさに神なきものとなったドイツの国土、つまりゲルマーニエンに軌道を作り出して流れる河流であった。ここに、講義の前半と後半それぞれの主題となる詩を繋ぐ統一性が認められる。

ただし、ヘルダーリンが自らの国土と河流を詠うとき、その思いは、上の詩句が示すように、かつて神々が現れた「古き国」、古代ギリシアに向かった。ドイツの国土を作り上げている河流の水源を遡るようにドイツ民族の精神文化の源泉を遡っていくと、それは古代ギリシア民族の作り上げた世界に繋がる。前章の「イスター」解釈でも取り上げたように、祖国ドイツを詠いながら遥か古代ギリシアの神々の世界に思いを馳せる姿勢は、若い頃よりギリシアの詩人たちに向かったヘルダーリンからハイデッガーが受け継いだ姿勢でもあった。もちろん、かつてギリシア民族の歴史を規定した神々と人間の関係も、自らの時代のドイツにおいては、変容したものとして受け止められざるを得ない。とりわけハイデッガーには、ヘルダーリンが詩作を通してギリシア民族とドイツ民族との間に開いた関係を、さらに現代という時代において思索の立場から受け止めることが、詩人と同じく創造者であるべき思索者にとっての「思索と詩作」という課題になった。

「パンと葡萄酒」に戻るなら、第七連の着想は、第八、九連に繋がっていくが、ハイデッガーはその箇所を、講義の後半「ライン」の解釈のなかで引いてくる。ちょうどパンと葡萄酒がともに大地の恵みであることに触れて先に引いた第八連の詩句、その次に続く箇所であるが、まさしくそこで、ディオニュソスが酒神として名指されることになる。

それゆえにわれわれもまた、その際に天上の者たちを思う、つまりかつて
有り、そして相応しい時に帰ってくる者たちを。

それゆえに歌人たちもまた、心をこめて酒神を歌う、
そしてその賞賛はこの老いたる神に、虚しく思いつかれたものとして響くことはない。

九

そうだ、歌人たちが言うことは正しい、この神は昼と夜を和解させ、
永遠にわたって天空の星辰をつかさどる、
そして、彼が愛する常緑の唐檜の葉のように、また常春藤から選んだ花冠のように、
いつも晴れやかな喜びに溢れていると。
なぜなら、この神は地上に留まり、遁げ去った神々の痕跡を自ら
神なき者たちのところへ下って、暗黒のもとにもたらすのであるから。（Ⅷ139-Ⅸ148, GA39, 188）

先の第七連と合わせるとき、これらの詩句は、ハイデッガーがヘルダーリンを通して受け止めたディオニュソスの核心を語り出したものとなる。

次節で触れるように、「常春藤から選んだ花冠」（Ⅸ146）として詠われる常春藤はディオニュソスのお気に入りとして、「ライン」でも使われる。とりわけ重要なのは、この最後の二節、遁げ去った神々の痕跡を、神なき夜の暗黒のなか人間にもたらすというモチーフである。ここでハイデッガーは、

痕跡をもたらすことを、「神々の「合図（Wink）」を受け止めて人間に伝えること、人間と神々の存在《あり》との中間に-有ること」（GA39, 188）として受け止める。合図が神々の言葉であるというのは、ハイデッガーがヘルダーリンから受け取った最も重要な着想の一つである。神々の痕跡を見出してそれを人間に伝えるディオニュソスさながら、詩人は神々の合図を神々の言葉として受け止め、それを詩にして民、つまり民族ないし民衆に与え渡すのである。神々の遁げ去った世界においては、彼らの残した痕跡のみが、神々の神性を、そして神性の本質としての聖性を宿すものになる。そのかぎり、夜は単なる否定ではなく「聖なる夜」となる。それは、新しい神性を準備する時でもある。

ハイデッガーは、このような「夜」を、さらに「移行（Übergang）」として捉えた（GA52, 87f.）。この詩では、ディオニュソスが昼と夜を和解させると詠われているが、夜は、真夜中への「没落（Untergang）」であると同時に、朝そして昼への「移行」の時である。「没落」が同時に「移行」になるという着想は、ニーチェが『ツァラトゥストラ』で提示するものでもある。ニーチェに対するハイデッガーの最終的にアンビバレントとも言うべき姿勢にもかかわらず、この着想は、ハイデッガーがニーチェからきわめて積極的に受け止めるものであり、それは『ツァラトゥストラ』の解釈、および自らの壮大な「存在の歴史」の着想に取り込まれていく（第6、7章を参照）。

なお、遁げ去った神々の痕跡を人間にもたらすというディオニュソス像を改めてはっきりと取り上げたのは、先に触れた論考「詩人は何のために」であった。そこでは、世界から遁げ去った者としてディオニュソスとともに、ヘルダーリンが詩「唯一者」のなかでディオニュソスの兄弟と詠ったヘラクレスとキリストが挙げられている。古代ギリシアとキリスト教という相異なる世界の三者を兄弟と見なすのは、ヘルダーリンに独特な神観である。ディオニュソスとキリストを並べつつも、キリストをこそ唯一者として重視したヘルダーリンに対し、このキリスト観をハイデッガーがどのように受け取ったかは、必ずしも明らかでない。ただ、ニーチェによるキリスト教の神の死の宣告をくぐり抜けたハイデッガーにおいて、神々の遁げ去った夜の暗黒は、世界歴史におけるニヒリズムと重ねられていっそう深刻さを増しているだけに、思索者の立場からキリストという特定の名前を出すことが容易でなかったことは十分に考えられよう。もっとも、ヘルダーリンとニーチェとに「神々の遁げ去り」と「神の死」をそれぞれ割り振るとして、両者の関係をどのように受け取るかは、また別の課題になるのである（第7章を参照）。

3　半神ディオニュソス——神と人間との「間」

ヘルダーリンの詩で、酒神ディオニュソスが、遁げ去った神々の痕跡を人間のもとにもたらすと詠われていることを上で確認した。その働きの背景に、ディオニュソスの「半神（Halbgott）」としての性格を強調するのが、ハイデッガーの解釈の特徴である。

第3章の考察を再確認するなら、「半神たち」とは、ギリシア神話の英雄に代表されるように、神々と人間との間に生まれた存在である。神々と人間との「間（Zwischen）」、あるいは「中間（Mitte）」という特異な存在を、ハイデッガーは、「神々の下の者たち（Untergötter）」であるとともに、「人間を超える者たち（Übermenschen）」つまり「超人」として受け止めた（GA39, 166）。

第一講義で「半神」が主題化するのは、後半部「ライン」の読解部である。この詩では、天上の「父なる雷神」と祖国の「母なる大地」との間に生まれたとされる「ライン」自体が「半神」として詠われる。ただ、詩の冒頭でディオニュソスお気に入りの「常春藤」が、そして最終行で「太古の混沌」が詠われるところに、ハイデッガーは、「荒れ狂う仮面の半神」ディオニュソスへの「関連が詩作全体を包んでいる」ことを見て取った（GA39, 228-229）。

ディオニュソスに触れられるとき、しばしばその特異な出生が問題になるが、この講義の該当箇所では、ヘルダーリンがディオニュソス神話をもとに詩「あたかも祝いの日のように……」で詠った詩句が引かれてくる。ヘルダーリンが表題を付けることなく未完のまま残したこの詩は、ヘルダーリンの詩を数多く集めて公刊し、詩人の名前を広く世に知らしめたノルベルト・フォン・ヘリングラート（一八八八～一九一六）が冒頭の詩句をそのまま表題としたものだが、ハイデッガーは、この詩に解釈を施し、この表題を論考のタイトルにして、著作『ヘルダーリンの詩作の解明』（一九四四年）の第三論文として収めた。この論考では、東西の神々よりも古く、「聖なるもの」とも呼ばれる太古の「自然」、古代ギリシアでピュシスの語のもとに掴まれた「自然」が、自らの「存在の問い」の立場から論じられる。「エーテルの高みから低く深淵まで」や「聖なる混沌」といった詩句もすでにディオニュソスの性格を感じさせるが、その第六、七連の一部で、はっきりとバッコス、つまりディオニュソスが語り出されてくる。

激しい打撃を与えられると、無限なるものと
久しく知り合っていた詩人の魂は、追憶によって
震えわななき、その魂には、聖なる雷光に点火されて
愛を受けて生み出された果実、神々と人間との業、
歌が、両者を証しするために成就する。
まさしくそのように、詩人たちの言い伝えによれば、まのあたりに
神を見ようと熱望したために、セメレの家に雷火は落ち、
女は撃たれて灰と化したが、生んだのだ、
雷電の結実、あの聖なるバッコスを。

七

それゆえに地上の子らは今
天上の火を危険なしに飲むことができるのだ。(VI43-VII55, GA39, 189)

ハイデッガーがすぐ後にまとめているように、テバイの王、死すべき人間カドモスの娘セメレは、ゼウスの寵愛を受けたことにより、妻ヘラの嫉妬と怒りをかった。ヘラに唆されたセメレは神ゼウスの姿を「まのあたりに見ようと熱望したために」、正体を現わしたゼウスの雷に撃たれて命を落とす。このとき月満たずして生まれ出た赤子をゼウスが炎のなかから救い出し、自らの太腿に縫い付けて護り、やがて月満ちて誕生したのがディオニュソスであった。ディオニュソスは、神と人間との間に生まれた「半神」であるが、母の死を介して二度の誕生とも言うべき尋常ならざる経過を経てこの世の生を得た。換言すれば、その存在自体が母の特異な生と死を受け継いでいる。ハイデッガーが、このようなディオニュソスの存在について、「全く固有な(ureigen)統一における両者の存在《あり》」(GA39, 189)として、「ディオニュソスは半神たちの一人であるのみならず、際立った半神である」(*ibid.*)と語るとき、以上のような神話的由来が念頭にあったであろう。そうであるからこそ、ハイデッガーはまた、「死が生であり生が死である、荒れ狂う仮面の半神」(GA39, 229-230)と言うことができた。詩「快き青さのなかに……」の一節「生は死、そして死はまた一つの生」を元に、すでに第3、4章で考察したように、オイディプスとアンティゴネに認めた「生と死」の一体化、今やそのことが特異な出生を持つディオニュソスに向けられる。もっとも、ここで「仮面の」と言われているディオニュソスの性格については、次節で改めて考察することにする。

なお、ディオニュソスの出生について触れられるのはここまでである。ただし、詩「あたかも祝いの日のように……」の第七連で右の詩句のすぐ後に続く部分は、ディオニュソスについて触れられる箇所よりも早く、講義の前半、「詩作の本質」を総論的に語る箇所ですでに引かれていた。すなわち、

しかし詩人らよ、われわれにふさわしいのは、神の荒天の下に
頭をさらして立ち、
父の雷火そのものを自らの手に
つかみ、その天上の賜物を歌に
つつんで、民衆に手渡すことだ。（Ⅷ57-60, GA39, 30）

「父の雷火」以下の詩句から、ディオニュソスが想定されているのは明らかである。しかも、神の荒天の下に頭をさらして立つ詩人が、ディオニュソスと重ね合わされている。注目すべきは、セメレの命を奪った仮借ない「天上の火」が、ここで詩人にとっての「天上の賜物」とされていることである。死すべき人間の身を焦がす火を賜物として受け止めることが神々と人間との間に立つということ

であり、それをなしうる者こそが詩人に他ならない。地上の死すべき人間が天上の火を危険なしに飲むことができるようになったのも、詩人のおかげである。「天上の火」は、南フランスの地で「アポロンに撃たれた者」になったヘルダーリンにとって、神的な自然の威力であった。それはまた、南方ギリシアに通じる明るい光であるが、ハイデッガーは、それをギリシア民族に固有な「付与されているもの（das Mitgegebene）」として受け止める。しかも付与されているものは、「課せられているもの（das Aufgegebene）」との対において、ハイデッガーのヘルダーリン解釈の要になるものでもある。しかし、そのことの考察に向かう前に、半神についてのハイデッガーの解釈をもう少し見ておこう。

「ライン」を扱う講義の後半、ハイデッガーは、第一〇連の一行目「半神たちのことを、今私は思う」（X 135）を、全一五連から成る詩全体の「転回軸」と見なし、そこで半神たちに向けられる詩人の「思う（denken）」を「詩人の思索」と受け止めて掘り下げる。第一連の内実からすれば、詩人は家郷のボーデン湖の北岸からアルプスを眺めている。それは、ラインが奔流となって流れてくる源泉、つまり根源の近くの場所、詩人にとって家郷との境界の地である。詩人は、異郷からの帰郷の途上にある。境界は、遥か異郷へ思いを馳せうる地であるとともに、家郷への歩みを進めうる地である。言わば異郷と家郷との「間」に立って、このとき詩人の「私」は、「思いがけず、一つの運命を聴き取った」（I 10-11）。

ハイデッガーが「運命」をこの詩の「根本語」となし、「半神たちの存在《あり》を表す名前」（GA39, 172）

としていることは、第3章でも確認した。詩人が聴き取ったのは、「唯一なるもの、つまりラインの運命」(GA39, 185) である。詩「ライン」は、ドイツの国土を流れるこの河流の運命を詠ったものである。しかし他方、「運命」が、「半神たちの存在《あり》」というように複数の半神に向けられていることにも注意すべきである。先述のように、ハイデッガーにとっては、ヘルダーリンが詩「唯一者」のなかでヘラクレス、ディオニュソス、キリストを三兄弟として受け止めていることが決定的となった。これら三者においても、神と人間との間としての存在の謂れは三者三様である。しかし、ハイデッガーが「半神たちの存在《あり》を表す名前」と言うとき、特定の半神が想定されているというよりも、「神と人間との間」という「存在」の固有性が肝心であった。「運命」の語を何か特定の半神、ここではラインに与えられた固有名のように受け取るべきではない。名前とは、詩人の「名指し (Nennen)」によって与えられるものである。ハイデッガーは、詩「回想」の中の詩句「留まるものを、しかし、創設する (stiften) のは詩人たちだ」(V 59) をもとに、詩作とは、「神々や諸々の物の本質を創設しつつ名指すこと」(GA4, 42) であるとする。「留まるもの」とは、決して静止したものではなく、ハイデッガーの立場からすれば、それ自身のうちに覆蔵との対立的な動性を含みながら立ち現れるもの、つまり「存在」に他ならない。詩人の名指しによって、「存在するものは、初めてそれであるところのものへと指名される (ernannt)」(GA4, 41)。したがって、詩作を通して、半神たちの存在がそのつど各々の唯一なる運命において言葉にもたらされ、開き出されるのである。

ただし、いかなる半神も神と人間との間であるがゆえに、半神たちの存在を名指すことは、そのつど神々と人間との存在を「分断し（scheiden）」「区別し（unterscheiden）」つつ、そのようにして分けられた両者の存在に「決断的に（entscheidend）」関わることになる。そして、いずれの存在にも繋がりながら、いずれの存在にもなり得ない半神は、存在の「苦悩（Leiden）」において捉えられる。

神々と人間の存在性格の違いが「死」において最も際立つことは、人間を「死すべき者たち」、神々を「不死なる者たち」と名指す古代ギリシア世界において明らかである。ハイデッガーは、まさに運命について述べる箇所で、ギリシア的な「モイラ（運命）」と「ディケー（正義）」に触れながら、根本経験としての「死の経験と死についての知」（GA39, 173）を語る。ハイデッガーが、「死すべき」ということをめぐり、「死ぬこと（Sterben）」に「死を死として能くする」という規定を与えて「四方界（Geviert）」という独自な世界観を提示するのは、さらに一〇年以上後のことだが、ヘルダーリンの詩作に頻出する「死すべき」や「不死なる」の語に触れながら、『存在と時間』における「死への存在」以来の、「死」に対する洞察を深めていったことは明らかである。

そして、『存在と時間』における「歴史性」の分析のなかで、「死への存在」との連関で取り出された独自な「運命」概念も、半神たちの存在の名前として捉えられるとき、前者にはなかった広がりと奥行きを得ることになる。というのも、第1章で考察したように、『存在と時間』では、「運命」のもと本来的な実存の歴史性が考察されたのに対して、共同体の運命、民族の運命は「歴史的運命［共同運命」（Geschick）」と名指されながら、そのものとしては掘り下げられないままであった。しかし、ヘルダーリンの詩作との対決において、「運命」が半神たち、つまり神々と人間との間の存在を名指すものとなるとき、運命は、神々と「民（Volk）」、つまり「民族」ないしは「民衆」に広げて受け取られるようになる。ハイデッガーによれば、神々とは民の神々であるがゆえに、そのつど半神たちの運命が、それぞれの唯一性において創設されることによって、半神がその間に立つ神々と民族ないし民衆の存在が、彼らの属する歴史的世界とともに開き出されるのである。

ハイデッガーによれば、詩「ライン」において、神々の遁げ去りを受け止め神々なき民族の「窮迫」を持ち堪えることによって、ドイツ民族の「歴史的運命」が創設される。その唯一性は、アルプス山中に源を発して東へ、つまりギリシアの方向に流れ出した河流が突然北へ向きを変え、ドイツの大地を潤してやがて海へ流れ出ることに見出される。ハイデッガーは、この河流全体を規定する力を、「根源」のうちに見出す。天なる雷神と母なる大地によって河流が生まれたとされるがゆえに、発源を統べるのは神々である。いったん出来上がった地上の河筋を、源泉を忘れて進み行くのが死すべき人間であるなら、発源の力を保持しつつ発源された有り方を受け止めていくのが神々と人間を繋ぐ半神、詩中の言葉を使えば、第四連の「純粋に発源したもの」に他ならない。それは河流のどこにあっても、根源を忘れることなく、根源に繋がっている。半神ラインは、発源に際してのギリシアへの繋がりを保持したまま、絶えざる流れにおいてドイツの国土を作り上げていくものとして受け止められた。ハイデッガーが、「歴史的現存在の唯一性は運命である」(GA39, 228) と記すとき、河流の唯一性が、半神という存在を介して、民族の歴史的現存在を創設する詩人の使命と重ねられたのである。

以上、半神が詩人と重ね合わされること、さらにその唯一性がドイツの河流でありかつ半神であるラインについてのヘルダーリンの詩作を通して、ドイツ民族の歴史的現存在の創設になることを、ハイデッガーの解釈に即して確認した。「ゲルマーニエン」と「ライン」という二つの詩がこのように連関づけられることで、ドイツを詩作するヘルダーリンの唯一性も示されることになる。しかも、前章との連関で言えば、ラインがドイツに固有なものになること、家郷的になることが、異郷ギリシアとの繋がりを経てのことになっているのも留意すべきである。

ところで、ドイツの半神ラインと連関づけられたギリシアの半神ディオニュソスについて、ハイデッガーによる考察には、半神としての本質との連関上まだ取り上げていない重要な観点が残っている。一つは「仮面」ということ、次にそれとも関連する「祝祭」ということ、最後に「ドイツ的なもの」と「ギリシア的なもの」ということである。第三のものは、「ニーチェにおけるディオニュソス」の考察を踏まえて最終章に回すことにし、今は第一、第二の観点を見ておくことにしたい。

4 仮面の神ディオニュソス

ハイデッガーにとってのディオニュソスの際立った性格、それはさらに「仮面」に認められる。ハイデッガーは、詩「ライン」の解釈の初め、詩の冒頭の「常春藤」の語をもとにディオニュソスに触れて、短いながら集中的な記述を行なっている。そのなかで「仮面」に触れるのであるが、その箇所を、つまり先に引いた「際立った半神」としての記述に続く箇所を、少し長くなるが重要な言及なので引くことにしたい。

ディオニュソスは、生殖の衝動において尽きることなき、最も荒々しい生の然《しか》り（Ja）であり、同時にまた破壊という最も恐ろしい死の否《いな》（Nein）である。彼は魅惑的恍惚の至福であり、錯乱せる恐怖の戦慄である。彼は一方であることによって他方である。すなわち、彼は有ることによって同時に有るのでなく、有るのでないことによって有るのである。ところで、有［存在］とは、ギリシア人にとって「現前性」――パルーシアである。この半神は現前しつつ非現前し、非現前しつつ現前している。現前しながら非現前し、非現前しつつ現前するものの比喩（Sinnbild）は、仮面である。仮面は、ディオニュソスのすぐれた象徴、すなわち形而上学的-ギリシア的に理解するなら、存在と非存在（現前性と非現前性）相互の根源的関連性の象徴なのである。逆に、ディオニュソスとしてのこの象徴がまさしく、ギリシア人たちの存在経験に対するわれわれの解釈が真理であることの決定的な証拠である。(GA39, 189-190)

生と死、存在（有）と無、現前（Anwesen）と非現前（不在）（Abwesen）などの哲学的対概念が、自然の生殖的豊穣とその過剰的破壊との共存というディオニュソスの特性において語り出されている。そこには、ディオニュソス自身に帰せられる特異な出生の事情も当然映っている。もっとも、このような「仮面」解釈の背景には、ハイデッガーと同時代人で当時のドイツを代表する古典文献学者ヴァルター・F・オットー（一八七四〜一九五八）の仕事があった。当時出版されたばかりでオットーの代表作となった『ギリシアの神々』（一九二九年、一九三四年）と『ディオニュソス』（一九三三年）は、ハイデッガーが高く評価する古典文献学的成果であるが、この箇所で特にハイデッガーが注目するのは、後者の「仮面の象徴」と題された章である。(3) ハイデッガーの記述によれば、そこでの解釈は、オットーがその数年前に講演をした際にハイデッガーが提案したものということで、やや身びいきの感がなくはないが、それが事実であれば、オットーは、そのハイデッガーの示唆をもとに古典文献学的実証を加えたことになる。

オットーは、例年ディオニュソスを祀って葡萄酒の混和を祝うアンテステーリア祭において、この神が仮面の形をとって現前する様子を記述する。それは、一連の壺絵によって伝えられており、木の柱に掛けられた巨大な仮面は、ディオニュソスお気に入りの常春藤の樹冠を着けることもあったが、その巨大さは、人間が被ることを前提とするものではないことを示している。「ディオニュソスの仮面だけがそれ自体として、顕現《エピファニー》に際して神自身を表すべきものであった」[4]。

それでは、なぜディオニュソスが仮面として捉えられたのか。オットーによれば、フランソワの壺絵に描かれている神々の行列のなかで、他の神々が横顔を見せているのに対して、ディオニュソスだけが大きな目を見開いて正面を向いている。それは、ディオニュソスが、射すくめるように凝視する神、逃れることのできない視線において捉えられていたということであり、そのために、この威力の現前が仮面という象徴となった。「仮面は現在性の最も強力な象徴である」[5]。しかも、上記のように、仮面はここで正体を隠す変装用のものではない。「仮面には裏面がない――〔…〕仮面は力強い対峙を超え出るものを何一つ持たない――それゆえにまた全き現存（Dasein）ではない。仮面は、そこに有ると同時にそこに有るのでないものの象徴であり現出である。最も直接的な現在と絶対的な不在性［非現前性］とが一つである」[6]。

ハイデッガーがディオニュソスの顕現を現前と非現前（不在）との二面性から捉えていたのは先に引いた通りで、最後の引用は、ほとんどハイデッガーが書いたと言ってもよいくらいに両者の親近性を示している。

オットーの分析にこれ以上立ち入ることは控えるが、ここでの記述からも明らかなように、仮面という事象は、多分に祝祭と関係している。ハイデッガーがディオニュソスの具体的な祝祭について論じることはなかったが、彼が半神との連関でとりわけ「人間と神々との婚礼の祝祭」に関心を向けたことは、十分注意されてよい。それはまた、悲劇というわれわれの主題にも密接に関わっている。

5 祝祭と悲劇

ハイデッガーによる詩「ライン」の解釈は、先述のように、第一〇連冒頭の語「半神たちのことを、今私は思う」を「転回軸」として、その後最終第一五連まで、半神をめぐる神々と人間との関係をめぐって展開することになる。講義の時間的制約もあってか、詩の後半の解釈は全体としてかなり簡略的になるが、注目したいのは、第一三連の冒頭「このとき人間と神々は婚礼の祝祭を祝う。生きとし生けるものがそれを祝い、しばしのあいだ運命は調停される」(Ⅷ180-183) という詩句である。

「人間と神々との婚礼の祝祭」についての考察がこの箇所で展開されることはなかったが、この「祝祭」が、第一講義から数年を経たヘルダーリン第二講義、つまり一九四一/四二年冬学期の『ヘルダーリンの讃歌「回想」』で、「ライン」とは別の連関ながら、主題的に取り上げられることになった。この講義では、詩「回想（Andenken）」の第二連の詩句「祝いの日々、褐色の乙女たちが絹のような大地を歩む」（II 17-19）をもとに、「祝い（Feier）」や「祝祭（Fest）」が取り出され、そこから「人間と神々との婚礼の祝祭」が考察された。

今われわれの主題との連関のもとに注目したいのは、この考察の過程で、「最高の詩作、ギリシア人たちの悲劇（Tragödie）」（GA52, 72）という語のもと、「ギリシアの悲劇（die griechischen Trauerspiele）はお祝いであり、それゆえ祝祭に組み込まれている」（*ibid.*）と述べられていることである。ヘルダーリンが「人間と神々との婚礼の祝祭」を詠うとき、そこには常にギリシアへの思いがあった。実際に右のようにギリシア悲劇が言及されているかぎり、この祝祭にディオニュソスを重ね合わせることは不自然ではない。

もっとも、ヘルダーリンの詩に「祝い」や「祝祭」の語がしばしば登場するからと言って、これらの語から、賑やかなお祭り騒ぎのようなものを想像すべきではない。ハイデッガーは、「人間と神々との婚礼の祝祭」という語のもと、神々と人間が遥か彼方からお互いに対向的に迎え合い、それぞれの「固有な［自性の］もの（das Eigene）」を委ねかつ渡し合う「性起の出来事（Ereignis）」を考えている。神々と人間は相互に相手を必要とし、この「対向的な迎え合い（Entgegnung）」のなか挨拶を交わすことで、彼らは各々の「固有なもの」を獲得する。この「原初の挨拶」が「祝祭の祝祭的なもの」であり、「聖なるもの」である（GA52, 70）。

先に取り上げた詩「ライン」でも、この婚礼の祝祭において「運命は調停される」と詠われていた。詩「パンと葡萄酒」ではディオニュソスが夜と昼を和解させると詠われているのを先に見たが、ここでも「運命の調停」に、人間と神々を結びつける半神の働きを重ねることができる。

そしてこの半神は、右で触れた「聖なるもの（das Heilige）」とも関係する。ハイデッガーは、ヘルダーリンのさまざまな詩に現れる「聖なる」の語にその都度触れながら、「聖なるもの」の解釈を施す。先に触れた詩「あたかも祝いの日のように……」においては、東西の神々よりも古い太古の「自然」が「聖なるもの」と呼ばれていた。そして、第3節で触れたように、ここでは、「聖なるもの」以外に「聖なる混沌」や「聖なる光線」とともに、「聖なるバッコス」とも詠われている。ただし、神々と人間が迎え合い、両者の間で生まれたから「聖なるもの」になるのではない。

この「回想」講義でも、右記のように、神々と人間とが迎え合い、挨拶を交わす「祝祭的なもの」をこそ、「聖なるもの」と呼んでいる。聖なるものは、神々と人間よりも根源的なものとして、両者の対向的な迎え合いを気分的に「調え（stimmen）」て「規定する（bestimmen）」。またもハイデッガー独特の言葉遊びだが、「祝祭的なもの」は自分たちの神々に関わる民、つまり民族ないし民衆を日常とは別の世界に導くものである。したがって、「聖なるもの」とは、決して実体的な何かではなく、むしろ、神々と人間との関係の全体を気分的に包む時空的広がりのようなものとして受け止められる。さらに、「祝祭的なものは、喜びと悲しみの根拠であり、それゆえに祝祭的なものは、両者、喜びと悲しみの原初的な親密性や共属性の根拠である」(GA52, 71) と言われる。「喜びと悲しみは、お互いに呼応する」(*ibid.*) のであり、「喜びと悲しみは、より根源的なもの、つまり聖なるものに基づいているがゆえに、両者はこの根拠のうちで一つである」(GA52, 77)。

このように、「悲しみ」に加えて「喜び」を持ち出してくる背景には、「ソポクレス」と題されたヘルダーリンのエピグラム(寸鉄詩)の存在があった。すでに第1章の終わりに触れたが、ハイデッガーが数箇所で引くこのエピグラムは、

> 多くの者たちが、この上なく喜ばしいことを喜ばしく言おうとして、叶わなかった。
> それはついに、ここ悲しみのなかで、私に語り出される。(HS3, 221, GA4, 26, GA39, 148, GA52, 72.)

というものである。

この詩句がヘルダーリンにおいて何を意味するかということの考察は控えざるを得ないが、少なくともハイデッガーがこの短詩に触れる意図には、『オイディプス王』や『アンティゴネ』についてこれまで考察したことが重ねられると思われる。実際、「回想」講義でこのエピグラムに触れる文脈では、「悲しみのなかでこの上なく喜ばしいことが?『アンティゴネ』の形姿と歴史的運命が十分に語っている。しかし、逆もまた成り立つのか。つまり、喜びのなかでこの上なく悲しいことが? おそらくは、たしかにそうであろう。われわれがこの上なく悲しいことを苦しみ(Leid)から、そして

苦しみを苦悩（Leiden）の本質から十分に本質的に思索するならば、さらにまたわれわれが、喜びを単なる満足や快楽と等置しないならば」（GA52, 72）と記されている。

約七年前の第一講義でも、このエピグラムは詩「ゲルマーニエン」の解釈の最後に導入されている。その解釈のなかでは、この詩を規定する「悲しみの根本気分」との繋がりで「痛み（Schmerz）」や「苦悩」が触れられ（GA39, 81）、すでに確認したように、挿入的に詩「快き青さのなかに……」でオイディプスの「苦悩」が言及されているので、エピグラムのなかの「悲しみ」が「苦悩」と連関づけられているのは間違いない。

そして右の説明のなか、『アンティゴネ』について「歴史的運命（Geschick）」の語が使われているのも、ギリシア悲劇が祝祭に向けられていることに、「ひとつのポリスが人間と神々との対向的な迎え合いの真理のうちに立つ、その立ち方の決定を含み、共に達成する」（GA52, 72）のを認めているからに他ならない。

ハイデッガーによれば、「ヘルダーリンは、悲劇の祝祭的本質と祝祭の本質を知っているがゆえにのみ、エピグラム「ソポクレス」を書き記すことができる」（GA 52, 73）。

そしてその祝祭の本質を、ハイデッガーが神々と人間との「対向的な迎え合い」のうちに見出し、両者の挨拶を通して神々と人間がそれぞれの「相応しいもの」としての「運命」になると理解したのは、上で確認した通りである。

「苦悩」に通じる「悲しみ」のなかで「この上なく喜ばしいこと」が見出されるとすれば、それは、オイディプスやアンティゴネが苦悩を通して自らの存在の固有なものに開かれたこと、前章の言葉を使えば「家郷的になること」を指しているであろう。オイディプスであれアンティゴネであれ、それぞれが自らの歴史的な場としてのポリスのなかで直面した苦悩には、他の民たちよりも神に近づいた存在が映る。彼らの背後にある神はアポロンであるが、古代ギリシアの民は、半神ディオニュソスの名前を冠した祝祭に参加し、悲劇作品を目の当たりにすることで、そのつど自分たちの背後に見えざる神々を経験したのではないか。ハイデッガーが「祝祭」を「歴史の根拠にして本質」(GA 52, 68)と規定することは、そのようにして民が自らの歴史を確認したことを指しているであろう。

さて、ギリシア悲劇の祝祭的性格に触れた本章の考察を締めくくるにあたり、ハイデッガーが後年のヘルダーリン論考「ヘルダーリンの大地と天空」(一九五九年)のなかで、エウリピデスの『バッカイ』をもとに、ギリシア悲劇の「コロス(合唱隊)」に触れていることに言及しておきたい。ハイデッガーがエウリピデスに触れるのは、他の二人の悲劇詩人に比べるとほとんど無いに等しいが、ここでは、バッコスつまりディオニュソスの信女たちを表題にした『バッカイ』が挙げられている。と言って、作品の内実には全く触れず、ギリシア語の「コロス」に「輪舞(Reigen)」の語を当てて、「祝祭で歌い、神を祝う舞踏」と記し、『バッカイ』のなかの一句「輪になって踊りディオニュソスを讃える」（二二〇行）を引くのみである（GA4, 174）。

ただし、ここでハイデッガーが「コロス」に当てた「輪舞」の語は、後期思想の始まりと目される一九四九年のブレーメン講演の第一講演「物」で用いたものである。同じくこの講演で提示された後期ハイデッガーの世界理解を示す「四方界」、つまり「天空」と「大地」、「神的な者たち」と「死すべき者たち」の四者が相互に映し働き合う全体の動きが、まさに「輪舞」である。「世界の映働（Spiegel-Spiel）は、性起［自性が現起］することの輪舞である」（GA7, 181, GA79, 19）。

したがって、戦後に一定の年数が経過し、もはやギリシア悲劇に触れることがほとんどなくなった時期においても、ハイデッガーは、新たな世界観を提示して思索を展開するなか、ギリシア悲劇におけるコロスに思いを馳せていたことが考えられる。このヘルダーリン論考でもハイデッガーは、これまで繰り返し触れた「快き青さのなかに……」のなかの詩句「生は死、そして死はまた一つの生」を引いている（GA4, 165）。そのことを踏まえるなら、そこには、「死すべき者たち」としての人間が「相応しいもの」になるため、現代世界のただなかでなお「神的な者たち」との関係を問わざるを得ないという事情があったのではないか。そのことが最終的に問題になると思われるが、その事情の考察の前に、同じくギリシア悲劇とりわけディオニュソスに向かいつつ、ニヒリズムの洞察によってハイデッガーの最大の対決の相手となったニーチェについての解釈的立場を見ておくことにしたい。

第6章……ニーチェにおける「悲劇」

1 ニーチェとの対決のなかで

「ニーチェとギリシア悲劇」と聞けば、誰しも『悲劇の誕生』（一八七二年）を思い浮かべるだろう。ギリシアの神々の名を冠した「アポロン的なもの」と「ディオニュソス的なもの」という相対立する芸術衝動のせめぎ合いによってギリシア悲劇の前史と誕生を捉え、さらに「ソクラテス的なもの」の登場によるギリシア悲劇の死とワーグナーの楽劇による悲劇の現代的復活を描いた本書は、今日の科学文明批判に繋がる内実を含んでおり、古典文献学上の大きな問題的性格にもかかわらず、そして後年のニーチェの自己批判にもかかわらず、ギリシア悲劇をめぐる哲学的古典としてすでに不動の地位を獲得している。

一九三〇年代半ば以降ニーチェとの集中的な対決を遂行したハイデッガーが、同時期ギリシア悲劇に強い関心を向けていたことは、これまで考察してきた通りである。しかし、ニーチェとの大々的な対決にもかかわらず、ハイデッガーが『悲劇の誕生』を主題化することはなかった。たしかに、ニーチェとの最初の対決である一九三六／三七年冬学期講義『ニーチェ、力への意志』は、後にネスケ版『ニーチェ』二巻の最初に収められる際に「芸術としての力への意志」という表題を付けられたように芸術を主題とし、そこでは「アポロン的―ディオニュソス的」の図式にも言及がなされている。ただ、ニーチェが後年この図式を否定していくことに呼応するように、ハイデッガー自身、この図式を取り上げてニーチェのギリシア悲劇観を論じることはなかった。だとすれば、ニーチェとの対決において、悲劇という主題はむしろ背後に退いたということになるのだろうか。

事がそれほど単純でないのは、「永劫回帰」思想を主題化した翌一九三七年夏学期講義『西洋的思惟におけるニーチェの形而上学的根本立場――等しいものの永劫回帰』で、ハイデッガーが永劫回帰思想を「悲劇的」と見なし、『ツァラトゥストラ』（一八八三―五年）そのものを悲劇作品と解釈していることである。しかも、講義の冒頭には、講義を導く思想として、『善悪の彼岸』（一八八六年）のアフォリズムの一つ、「英雄をめぐってすべては悲劇になり、半神をめぐってすべてはサテュロス劇になる、神をめぐってすべては――どのようになるのか。おそらくは「世界」にか――」（JGB. n.150）が置かれている（GA44, 1）。講義に臨むハイデッガーに、「ニーチェとギリシア悲劇」が主題化していたのは明らかである。

だとすれば、直前学期の講義で、わずかであれ『悲劇の誕生』に言及がなされていることから、芸術や詩作に独自な洞察を向け始めていた当時のハイデッガーにとって、「ニーチェとギリシア悲劇」がどのような事情であったかは本質的な問題になる。事実、右に記したように、第二講義では、「最大の重し」や「思想のなかの思想」と名指される「永劫回帰」思想の内実と伝達が、「悲劇」という観点から扱われている。第一講義の主題を踏まえると、各々の講義は、「力への意志」と「永劫回帰」という、ハイデッガーがニーチェにおける二つの主要思想と見なしたものを扱っているため、悲劇という主題も、より広い連関から考察されうるであろう。

そこで、以下の考察は、第一に、『悲劇の誕生』が、とりわけ「アポロン的—ディオニュソス的」の図式ないし「ディオニュソス的」ということがどこまでかつどのように見られていたかということ、第二に、「永劫回帰」思想がどのような意味で悲劇的と見られたのかということ、この二つに向かう。ここでの考察は、特に第二の課題から明らかなように、ギリシア悲劇解釈ということを超えて、ハイデッガーがニーチェ解釈から取り出した自らの「悲劇」解釈を含むことになる。そのことはまた、ニーチェとの対決の中心的主題であるニヒリズムと悲劇との連関という問題に導くのである。

2　「力への意志」と悲劇

(一)　芸術としての力への意志

ハイデッガーは、講義の冒頭に、『反キリスト者』(一八八八年)のなかの一節「ほとんど二〇〇〇年にして、ただの一つの新しい神もない」(KSA6, 185)を掲げている。この語は、第一講義というのみならず、そもそもハイデッガーによるニーチェとの対決が向かおうとしている問題圏域を表しているように思われる。端的には、西洋の歴史と神ということである。そのことを踏まえながら、まずは、ニーチェ解決におけるハイデッガーの基本的立場を確認することから始めよう。

ハイデッガーによれば、古代ギリシアで立てられた「有るものとは何か」という問いは、西洋哲学を導く「主導的問い(Leitfrage)」である。それは、「有るものを有るものとして」、つまり「有るもの」を、それがまさに「有る」かぎりにおいて問うと同時に、「有るもの」を「全体において」問う。そのかぎり、「有(存在)」への関心が「有るもの」への問いを導いているが、このとき問いはすでに、「全体における有るもの」、つまり「ピュシス(自然)」を超えている。このことが「超-自然学」としての「形而上学」の根本構制を成している。しかし、問いが「有るもの」に即して立てられるとき、イデアであれウーシアであれ神であれ、「有るもの」の根拠や原因が問い求められることによって、本来問い出されるべき「有（存在）」は、そのものとしては問われないままになる。ハイデッガーは、「存在」そのものへの問いを主導的問いから区別して「根本的問い（Grundfrage）」と名づける。一方、主導的問いも根本的問いも、それらは「存在するもの」ないし「存在」が「真実のところ（in Wahrheit）」、つまり「真理において」何であるかを問う。すでに繰り返したように、古代ギリシアで真理はアレーテイアと名指されたが、それは「レーテー（覆蔵性、隠れ）」がその覆いを剥がされて露わになること、つまり非覆蔵性（隠れなさ）を意味するから、「存在するもの」への問いも「存在」への問いも、「真理」の本質への問いと不可分に結びついている。

ハイデッガーによるニーチェ解釈の出発点は、主に後年の思想である「力への意志」に立脚し、ニーチェが「存在するもの」の根本性格を「力への意志」と捉えたということ、そのかぎりニーチェは西洋形而上学の主導的問いの地平を動いているということにある。有るものはいかなるものであれ、およそ有るかぎり「力への意志」である。それは、力の本質に従ってすべての有るものが絶えざる向上にあること、あるいは、破壊的であることをも含めてそれ自身を超え出ようとする意味で創造的であり、不断の生成であることを意味する。

キリスト教とその道徳によって規定され続けた西洋の歴史に対して「神の死」を宣告し、神と結びついた従来の一切価値の価値喪失をニヒリズムとして規定するニーチェにおいて、ニヒリズムの超克は、新たな価値の創造となる。力への意志はその価値設定の原理でもあり、その際立った有り方が

「芸術」に認められる。芸術とは、作品という仕方で存在するものを作り出すもの、つまり存在を与えるものであり、あるいは、存在するものをその存在において、隠れなさとしての真理において開き出すものに他ならない。それは力への意志の一様態にとどまらず、「力への意志は芸術から、そして芸術においてこそ、本来的に見えうるようになる」(GA43, 85)。世界を創造し、人間に有るべき姿を当為として与え続けた道徳的神が否定されるとき、神に代って創造を担うのが芸術になった。

このようにして、「芸術としての力への意志」を語るニーチェの根本姿勢をハイデッガーは、「芸術は、ニヒリズムに対する際立った反対運動である」(GA43, 86)という命題にまとめる。なぜなら、感性的なものに対して超感性的なものを実在としてきた従来の形而上学に対し、芸術は、仮象とされてきた感性的なものこそを真の世界として肯定するからである。

芸術を形而上学の地平で問題にする姿勢は、すでに最初の著作『悲劇の誕生』に現れていた。ワーグナーに捧げられた「序」には、「この生の最高の課題にして本来的な形而上学的行為としての芸術」(KSA1, 23)と記されており、この「序」を回顧した「生の本来的な課題としての芸術、生の形而上学的行為としての芸術」(Frühjahr 1888, 14[21])という遺稿の語をハイデッガーも引いている。たとえこの著作の立場が後年否定されるとしても、芸術が形而上学と連関づけられるかぎり、力への意志の立場は出発点に立ち還る。こうしてハイデッガーは、後年のニーチェが「真理への芸術の関わり」について述べる文脈で『悲劇の誕生』に言及している言葉を引いてくる。すなわち、「真理への芸術の関わりについて、私はきわめて早くから真剣だった。そして今も私はこの葛藤の前に、聖なる驚きをもって佇む。私の最初の著作はこの葛藤に捧げられている。『悲劇の誕生』は、ある他の信仰を背景にして、芸術を信仰している。その背景の信仰とは、真理によって生きることはできない、「真理への意志」はすでに頽廃の一つの徴候である、というものである」(Frühjahr–Sommer 1888, 16[40])。ハイデッガーは、ここでの「真理」を、超感性的なものを真なる世界とする伝統的形而上学の世界観と受け止め、「芸術は「真理」よりも価値がある」(Frühjahr 1888, 14[21]) というニーチェの言葉を並べ合わせる。

ただし、ハイデッガーによれば、ニーチェにとって芸術への問いは、「アイステーシス（感性）の学」という伝統的な意味での「美学《エステティーク》」であった。というのも、芸術が、美を産出ないし享受する人間の感情状態に遡って規定されるからである。さらに、感情状態が身体状態に還元されることで、心理学としての美学は芸術の生理学になる。このことを押えた上でハイデッガーは、ニーチェ最後の著書『偶像の黄昏』（一八八九年）のなかのアフォリズムをもとに、美的基本状態としての「陶酔」を提示する。そして同時期の遺稿をもとに、「芸術そのものが、一つの自然力のごとく人間のなかに立ち現れる二つの状態」(Frühjahr 1888, 14[36])、つまり「アポロン的なもの」と「ディオニュソス的なもの」という生理現象について述べる。『悲劇の誕生』で有名になった対立図式は、このような仕方で本講義に導入されてくるのである。

すでに明らかなように、ハイデッガーにとって、ニーチェの形而上学的根本立場がニヒリズムの本質洞察とその超克に置かれているかぎり、ニヒリズムについての洞察が現れる以前の『悲劇の誕生』が明確な主題になることはなかった。では、このような制約のもと、右の対立図式はどのように扱われているだろうか。

(二)「アポロン的なもの」と「ディオニュソス的なもの」

『悲劇の誕生』で二つの美的状態は「夢」と「陶酔」として記述され、晩年にもなおこのような対応で記述されたアフォリズムが見出される。しかし他方、『偶像の黄昏』や他の遺稿では、「アポロン的なもの」と「ディオニュソス的なもの」が共に「陶酔」の二つの種類として捉えられ、「陶酔」が基本状態と見なされる。

「陶酔」の本質は、力の高揚感と充実感である。美もまた陶酔状態を産み出すものとして、陶酔から捉えられる。芸術の本質は創造であり、創造の本質は「作品という仕方での美の陶酔的産出」(GA43, 133) である。陶酔とは、単なる混沌や酩酊ではない。たしかに、ワーグナーに熱狂していたニーチェはそのようなディオニュソス的陶酔に対して、アポロン的な「固体化の原理」を求めた。しかし、後年のニーチェは、陶酔そのもののなかに形式を生み出す力を認めるようになる。

このようにして、芸術のなかに美と陶酔、創造と形式といった諸現象を認めるとき、その全体を納めるものを、ニーチェは「偉大なる様式」と名づけた。偉大なる様式とは、混沌と法則の一体性である。この様式において、ニーチェが芸術に見出した二つの本質規定、すなわち「ニヒリズムに対する反対運動」と「生理学的美学の対象」が必然的な統一にもたらされる。なぜなら、前者は新しい尺度と価値設定の根拠、規範と法則を築くべきものであるが、それは混沌や陶酔的なものの制御ないし超克としてのみ設定されるがゆえに、生理学的なものを求め、生の根源的状態に戻されるからである。こうして、芸術の本質は対立的なものの統一の内でこそ、十全かつ純粋に実現することになる(1)。

陶酔と法則との対置は、「ディオニュソス的なもの」と「アポロン的なもの」のそれに対応する。ただし、上述のとおり、後年のニーチェは両者をともに陶酔としてディオニュソス的なものから捉える。それは、破壊的であることを含んで創造的な「力への意志」に基づけられる。ハイデッガーによれば、ニーチェは初期から後年まで一貫して、二つの「自然-芸術-力」の相剋と統合から生の形而上学的行為として芸術の本質を思惟した。しかし、ハイデッガーがニーチェにおける芸術を、力への意志に基づく後年の立場からニヒリズムの超克として捉えるかぎり、『悲劇の誕生』における「アポロン的—ディオニュソス的」の図式が、そのものとして主題化されることはない。もっとも、この図式に関してより注目すべきは、ハイデッガーが、この対立を古代ギリシア人のうちにニーチェ以上に「より深く、より高貴な仕方で看取し把握していた」(GA43, 122) 者として、あるいは「純粋さと単純さ」(GA39, 294) においてまさる者として、ヘルダーリンを指摘することである。

第4章でも触れたように、ヘルダーリンは、一八〇一年、フランスへ旅立つ直前に友人ベーレンドルフに宛てた書簡のなかで、「固有なものの自由な使用が、最も困難なことである」(HS3, 460) という主張を掲げ、ギリシア人とドイツ人とを対比したうえで、それぞれに「固有なもの」として与えられている「聖なるパトス」と叙述の才の「西洋的ユノー的冷徹さ」を名指した (GA39, 290ff.)。別の表現を使えば、ギリシア人には「天の火」が、ドイツ人には「叙述の明晰さ」が生得的に与えられているが、「国民的なもの」とも言われているこの「固有なもの」を自由に使用するためには、つまり「付与されているもの (das Mitgegebene)」を真に自己のものとするためには、他方の民族に生得的なら自らには「異質なもの」を、自らに「課せられているもの (das Aufgegebene)」として受け止めることが求められる。そこでも考察したように、ヘルダーリンにおいて、古代ギリシア文化との対話は、過去の単なる歴史認識ではなく、家郷的になるために求められる異郷的なものとの対決であり、「ドイツ人の運命と使命への直接的な省察において把握されている」(GA43, 122)。ニーチェの「ディオニュソス的なもの」と「アポロン的なもの」であれ、ヘルダーリンの「聖なるパトス」と「西洋的ユノー的冷徹さ」であれ、ハイデッガーにとって重要なのは、「ヘルダーリンとニーチェが、この相剋でもって、自らの本質を歴史的に見出すというドイツ人の課題に一つの疑問符を立てた」(*ibid.*) ことである。ヘルダーリンとニーチェに対する同種の洞察は、この時期のハイデッガーに広く認められるが、いずれの対立図式も、ハイデッガーにとっては、ニヒリズムということが運命になった西洋の歴史、そのただなかにおけるドイツ人の運命や使命と結びついて、最終的に「存在の歴史」における課題になった。ここに認められる、ハイデッガーにおける「ヘルダーリンとニーチェ」という主題は、最終章である次章で改めて考察することにして、今は、ハイデッガーがニーチェの芸術理解を歴史的ニヒリズムのレベルでの主題化として受け止めていたことを、「芸術と真理」という枠組みのもと確認しておこう。

(三) 芸術と真理

ニーチェは、超感性的な世界を真なるものとしたプラトニズムを転倒することで、芸術と真理をともに感性的なもののうちに求めようとする。ハイデッガーは、ニーチェにおけるプラトニズムの転倒を検討するに当たり、一八八九年、狂気で倒れる前の最後の著作『偶像の黄昏』のなかの一章「いかにして「真なる世界」がついには寓話になったか。誤謬の歴史」(KSA6, 80f.) を引く。ニーチェはそこで、西洋の歴史が真なる世界を想定しかつその世界の虚構が露わになる「誤謬の歴史」を六つの段階で記すのだが、その最後に「(正午、最も影の短い瞬間、実に長かった誤謬の終結。人類の頂点。ツァラトゥストラガ始マル (INCIPIT ZARATHUSTRA.)」(*ibid.*) と記した。プラトニズムからの「転回脱出」は、人間にとっても決定的な転換となるべきである。人類の頂点とはそのことであり、そこに「ツァラトゥストラの始まり」が位置づけられている。

プラトニズムの転倒によって真なる世界とともに見かけの世界も排除されるかぎり、新しい立場は、二つの世界の位置づけの逆転だけでなく、むしろ新しい位階づけとしての価値設定にならなければならない。「転倒（Umdrehung）」は「転回脱出（Herausdrehung）」になる。したがって問われるべきは、ニーチェにおいてこの転回脱出がどこまで遂行されたかである。しかしながら、感性的な世界を肯定する芸術の立場が、「芸術は「真理」よりも価値がある」という定式化で語られるかぎり、位階づけの姿勢は残されている。要するに、ニーチェはプラトニズムを導いた経験と同じ枠組みのなかを動いているのである。

真なるものと見かけのものという枠組みが取り払われるとき、すべての有るものは「遠近法」において現れる。すべてが遠近法的であるかぎり、その多様性のなかで現れるものは、それぞれがそのつど現象である。生あるものも、絶えざる変転のなかでそれ自身を維持していくために、乗り越えるためのものを必要とする。生成が固定化されて永続的なものになるとき、それは「単なる仮象」であるが、しかし生が自らの向上のために必要とするものでもある。すべての有るものは遠近法的に現れるものとして仮象となり、芸術とは、最も本来的で最も深い「仮象への意志」となる。それは、固定化を乗り越えて、創造的な生を実現する。それに対して、真理は遠近法による一つの固定的な外観である。こうして、「芸術は「真理」よりも価値がある」という命題の意味も、共に遠近法に基づくものとして、遠近法的な「力への意志」から把握されることになる。「仮象への意志としての芸術は、力への意志の最高の形態である」（GA43, 271）。

力への意志の立場から芸術と真理の関係を以上のように捉えたハイデッガーは、最後に、『悲劇の誕生』の再版に付された「自己批判の試み」のなかの言葉、すなわち「［科］学を芸術家の光学のもとに、そして芸術を生の光学のもとに見ること」（KSA1, 14）を引いてくる。その際、ハイデッガーはこの言葉を、「かの処女作の書が初めて立ち向かった課題が、ニーチェにとってやはりそのまま課題として残されていたもの」（GA43, 271）を表すものとして受け止める。「自己批判の試み」のなかでニーチェが「学問そのものの問題だった」（KSA1, 13）と振り返るその課題は、若きニーチェにとってギリシア悲劇の運命を通してのドイツの学問の運命だったのであり、学問を通してのドイツの運命だった。今や十数年を経てニーチェは、悲劇という主題を、学問を含め「ヨーロッパのニヒリズム」として受け止める。ハイデッガーは、右のニーチェの言葉が公刊後五〇年の間繰り返し誤解されてきたと語り、「［科］学」は「知」を、二度使われる「光学」は遠近法的性格を、「芸術家」や「芸術」は創造と偉大なる様式を、そして「生」は生成としての「存在」を表すというように解釈する。したがって、先のニーチェの言葉は、ニヒリズムの知とその超克の意志を要求するものとなる。そしてハイデッガーによれば、生成としての存在を「知」と「創造」において新たに根拠づける人間こそが「超人」に他ならない。講義の全体が、「ニーチェの思索的現存在に、あらゆる転覆にもかかわらず大きな安定を与えていたのは、神の死についての知と同時に、創造者たちの運命についての知であった」

(GA43, 274) と締め括られるとき、神の死のニヒリズムとその超克、知と運命、生成としての存在、超人といった事柄がすべて結びつく「永劫回帰」思想への方向性は、『偶像の黄昏』の「ツァラトゥストラガ始マル」の語とともに、次なる講義の課題としてすでに示されているのである。

3 「永劫回帰」と悲劇

(一) 悲劇としての「永劫回帰」思想

本章の最初に記したように、ニーチェについての第二講義、一九三七年夏学期講義『ニーチェの形而上学的根本立場――等しいものの永劫回帰』は、冒頭に、講義を導く思想として『善悪の彼岸』のアフォリズムを掲げた。繰り返せば、「英雄をめぐってすべては悲劇になり、半神をめぐってすべてはサテュロス劇になる。神をめぐってすべては――どのようになるのか。おそらくは「世界」にか――」(JGB. n. 150) である。この引用に続けて、「ニーチェの形而上学的根本立場は、等しいものの永劫回帰についての教説によって特徴づけられる」(GA44, 1) とあるので、この講義の主眼は、このアフォリズムの言葉と永劫回帰思想をどのように連関させるかに置かれることになる。

まず確認すべきは、「ニーチェの形而上学的根本立場」とされる永劫回帰思想が、「プラトン的-キリスト教的な思惟の仕方と、近代におけるその影響と退化との最も過酷な対決から生じた」(GA44, 3) と見られていることである。すでに確認したように、ハイデッガーは、ニーチェの根本立場を西洋形而上学の「主導的問い」と見なし、それがニヒリズムの知とその超克の意志に導かれていると理解する。そして、有るものの根本性格を「力への意志」に見出した。したがって、等しいものの永劫回帰の思想の内実は、力への意志との本質連関のもと、さらに超人との関係をも含めて西洋形而上学の立場のうちに位置づけられなければならない。こうしてハイデッガーは、ニーチェによる永劫回帰思想の内実と伝達を、三つのテクストに沿って確認していく。永劫回帰思想においては、何が思惟されているかということと同時に、あるいはそれ以上に、その思想そのものがいかに伝達されているかが問題になるということである。

　第一の伝達は、『愉しい学問』(一八八二年。一八八七年に第五書を追加して第二版が刊行された)である。「学問 (Wissenschaft)」とは、ハイデッガーによれば、「本質的な知への態度にして意志」(GA44, 18) であり、「愉しさ」とは「卓越していることの明朗さ、すなわち、最も過酷で恐ろしいものによっても、つまり知の領域で言えば、最も問うに-値するものによってももはや打ち負かされず、むしろ反対に、それをその必然性において肯定することによって、そのものにおいて強くなる明朗さ」(GA44, 19) である。「愉しい学問」とは、ニーチェにとって「哲学」の別名であり、それが「永劫回帰」の根本教説を教える哲学になる。

取り上げられるのは、一八八二年の初版で最終第四書の最後に位置する二つのアフォリズム、「最大の重し」という表題の三四一番と「悲劇ガ始マル（Incipit tragoedia.）」という表題の三四二番である。前者では、これまでの生が苦痛も快楽も卑小なものも偉大なものもすべて無数にわたって回帰するという光景が、「もしもある日、あるいはある夜、デーモンが忍び込んで、〔…〕と語ったとしたら、どうだろう」というように、接続法によって語り出される。永劫回帰の最初の伝達が、第三者の口を借り、非現実的な仮定によってなされているということ自体に、思想そのものとニーチェとの間になお大きな距離があることが示されている。他方、続く後者では、翌年『ツァラトゥストラ』第一部冒頭にわずかな語句の変更を施して公にされることになる文章がそのまま記される。分量的に限られているとは言え、これら二つのアフォリズムの連関に、「最大の重し」である「永劫回帰」を根本教説として展開する『ツァラトゥストラ』が「悲劇」とされる解釈が基づけられることになる。[2]『ツァラトゥストラ』の内実は第二の伝達として次に検討するので、今しばらく第一の伝達にとどまろう。

ハイデッガーによれば、「最大の重し」を必要とする経験は、すべての事物が重さを失った経験と表裏である。それは、二〇〇〇年の歴史の果てに到来した神の死、つまりニヒリズムの経験である。しかしこのとき、すべての有るものないし世界は、神による被造物という規定を取り除かれることで覆いを剥がされ、まさに本来の有り方で出会われることが可能になる。ニーチェはそれを永劫回帰に見出そうとした。すなわち、歴史が究極的な目標を失うとき、その目標に向かう直線的な時間も否定され、一つの遺稿が言うように、存在は意味も目標もなく有るがままに不可避的に回帰し、「無（「無意味」）が永遠に！」（Sommer 1886–Herbst 1887, 5[71]6）となる。永劫回帰が有るものを「全体において（im Ganzen）」規定することで、有るものは新たに存在することの戦慄を伴って「最大の重し」として出会われ、永劫回帰思想は「最も重い思想」になる。しかし、そのことが悲劇とどのように関係するのであるか。

ハイデッガーは、悲劇についての任意の表象を持ち込んではならないと断ったうえで、「「悲劇の始まり（Beginn der Tragödie）」とともにニーチェが悲劇的なものを初めて本来的に規定していることを、われわれは認識しなければならない。永劫回帰思想を思惟することとともに、悲劇的なものそのものが有るものの根本性格になる。歴史的に見られるなら、それは「ヨーロッパにとっての悲劇的時代」の始まりである」（GA44, 27）と述べる。「悲劇の始まり」の語は、明らかに上記三四二番のアフォリズムの「悲劇ガ始マル」を受けたものだが、ハイデッガーはこのなかに、ニーチェにおける「悲劇的なもの」の初めての本来的な規定を見て取っている。その後に引かれている「ヨーロッパにとっての悲劇的時代」の語はニーチェの遺稿からのもので、元々の文脈では、その後に「ニヒリズムに対する戦いによって制約される」の語が続いている（Sommer 1886–Herbst 1887, 5[50]）。ただし、「悲劇的時代」の語は隔字体になっている）。時期的には『愉しい学問』からすでに数年を経た頃に記されたものだが、少なくとも後年のニーチェがヨーロッパにとっての悲劇的時代をニヒリズムと結びつけていたこと、ハイデッガーがその洞察を重視していることは明らかである。現にハイデッガーは、「ここで始まり、生起することは、最大の静けさのなかで起こり、長い間ほとんどの人には覆蔵されたままである」(GA44, 27) と述べて、「歴史」への独自な洞察が問題になっていることを示唆している。

ハイデッガーによれば、「ニーチェの最初の著書が『悲劇の誕生』(一八七二年) への問いに向けられた」ことは、「悲劇的なものの経験とその根源と本質への省慮が、ニーチェの思惟の根本構成分に属している」ことを示しており、「ニーチェの思惟の内的変化と明晰化に応じて、悲劇的なものの概念もまた明晰になっていった」(GA44, 28)。そして、悲劇的なものは「カタルシス (浄化)」を引き起こすとするアリストテレス『詩学』に見られる悲劇解釈にニーチェが反対していたことを踏まえ、ニーチェにおける「悲劇的なもの」は芸術的なものであって道徳的なものとは関係ないとし、自らの第一講義に触れて、「最高の芸術は悲劇的芸術である」(GA44, 29) と記すのである。

『悲劇の誕生』という表題もまた、「悲劇の始まり」を意味する。そのかぎり、悲劇という主題は、その「始まり」とともにニーチェの思惟を規定している。しかし、前節でわれわれは、ハイデッガーが『悲劇の誕生』をそのものとしては評価していないことを確認した。それは、ハイデッガーからすれば、この著作の立場がニーチェにとって「悲劇」の「本来的な」始まりにはならなかったということを意味するであろう。そうだからこそハイデッガーは、「最高の芸術」である「悲劇的芸術」を、作品としての『ツァラトゥストラ』に求めなければならなかった。(3)

しかし、問題は、その場合の「悲劇的なもの」とは何かである。ハイデッガーによれば、「悲劇的なもの」にはたしかに「恐ろしいもの」が属している。ただし、恐れを呼び起こすものは、避けられるべきものではない。恐ろしいものが「悲劇的なもの」に属するのは、「肯定されるものとして、しかも美への変更不可能な帰属性において肯定されるものとして」(*ibid.*) である。「悲劇は、恐ろしいものが、美に属する内的な対立として肯定されるところにある」(*ibid.*)。ハイデッガーは、悲劇的なものを芸術的なものとして捉える立場から、それが「美［学］的なもの」に属するとも言うが、ここでは特に「美」について考察しているわけではない。

しかし、そのように受け止めたうえで、一方に偉大さと高さ、他方に深さと恐ろしいもの、すなわち対立するものの共属性を肯定することが悲劇的認識であり悲劇的態度であると語る。ニーチェは、それを「英雄的なもの」(das Heroische) と呼んだ。「英雄的」とは「自らの最高の苦悩と最高の希望とに同時に向かって行くこと」(FW. n. 268) である。英雄的である悲劇的精神は、諸々の矛盾や問題的なものを自らへ引き受ける。「ニーチェによれば、認識や認識するものの領域で初めて最高の悲劇性が生起する」(GA44, 30)。永劫回帰思想が最高の肯定であるのは、究極の否定も破壊も苦悩もすべて「有るもの」に属するものとして肯定するからに他ならない。「この思想とともに初めて悲劇的精神が、根源的かつ全体的に、有るもののなかに登場する」(*ibid.*) のである。

（二）悲劇作品としての『ツァラトゥストラ』

『ツァラトゥストラ』は、永劫回帰思想の第二の、そして最も主要な伝達である。等しいものの永劫回帰という最も重い思想を始めるために、ニーチェはこの思想を思索する者としてツァラトゥストラを詩作しなければならなかった。この思想の最初にして本来的な思索者であることが、ツァラトゥストラの本質である。思索者を詩作するという場合の「詩作」には、もちろん劇詩としての悲劇が重ねられるであろうが、『ツァラトゥストラ』は、ハイデッガーによって、まさしくニーチェによる詩作として受け取られた。しかも「悲劇なもの」とは、英雄としての思索者が思惟するものであり、それは「究極の否《いな》に対する最高の然《しか》り」(GA44, 33) である。こうして、「英雄をめぐってすべては悲劇になる」ということが、ツァラトゥストラに向けられることになる。

『ツァラトゥストラ』第一部の冒頭が、『愉しい学問』の「悲劇ガ始マル」をほぼそのまま受けていることはすでに述べたが、そこに記されているように、『ツァラトゥストラ』の「始まり」は彼の「没落 (Untergang)」の「始まり (Beginn)」である。「ツァラトゥストラの悲劇が始まることによって、彼の没落が始まる」(GA44, 32)。ハイデッガーが「ニーチェは、ここで自分の作品を偉大なギリシア悲劇についてのある深い知から作り上げている」(*ibid.*) と言うとき、念頭にあったのは、「悲劇が始まる瞬間、ふつうに「悲劇」と受け取られるものはすべてすでに生起してしまっている。「後はただ」没落が生起するばかりである」(*ibid.*) というものであった。ソポクレスの『オイディプス王』を思い起こすのは、難しいことではない。ただし、ハイデッガーはすぐさま、「後はただ」ということを誤りであるとし、むしろツァラトゥストラの没落を「本来的な歴史」(*ibid.*)だとする。没落の前に何かが生起しているというのではなく、没落とともに初めて本来的なものが始まるのである。『ツァラトゥストラ』の全体は、「没落」が同時に「移行(Übergang)」であり、ツァラトゥストラが彼自身になる独自な歴史に他ならない。

ハイデッガーは、永劫回帰思想をさらに「真理」ということから把握する。ただし「真理」とは、ニーチェにおけるそれではなく、ハイデッガーが独自に洞察する「非覆蔵性」としての「真理」である。この観点から『ツァラトゥストラ』における伝達の頂点として、第三部の二つの章「幻影と謎」と「快癒しつつある者」が検討される。今その詳細を追うことは控え、われわれにとって重要な点のみを押えていくことにしよう。

まず、第三部の第二章「幻影と謎」では、高い山を登ってゆくツァラトゥストラとその肩に乗って深みに引き下ろそうとする「重力の精(侏儒)」、相反する方向に伸びた二本の道と両者が交わる「瞬間の門」というように、永遠と時間の出会う光景が幻影となって描写される。この幻影こそが「謎」であり、ハイデッガーからすれば、有るものが全体において謎になること、それは、全体における有るものの覆蔵性に他ならない。その背景には、存在するものの永遠の創造主である神が否定されたことによって、存在するものと時間との関係、つまり「存在と時間」が改めて問いになったということがある。そうであるがゆえに、「この謎を解くことは、全体における有るものの真理の冒険的敢行（Wagen）である」（GA44, 39)。

覆蔵性の謎解きとして永劫回帰思想を最初に語るのは、ツァラトゥストラの肩から飛び降りた侏儒である。しかし、侏儒が回帰思想を傍観者のように語ることをツァラトゥストラは肯えない。侏儒が消えて場面は一転、若い牧人が黒い蛇に喉を噛み付かれ、のたうち苦しむ姿が現れる。ツァラトゥストラが引っ張り出そうとしても引き出せない。思わず「噛め！　噛め！」（KSA4, 201）とツァラトゥストラの発した言葉に、自ら蛇を噛み切った若者は、変容した者となり、光に包まれて笑う。この黒く重い蛇とは何であり、牧人とは誰であるかが、なお「謎」として残される。

一方、第三部後半の「快癒しつつある者」の章では、ツァラトゥストラと彼の動物である「鷲」と「蛇」の対話が展開する。大空で大きな円環を描いて飛ぶ鷲は、高みに生きて自らを保つ矜持を持ち、その首に巻き付いている蛇は、現実的な知を支配する賢さを持つ。両者の形象と本質は、永劫回帰の循環、およびツァラトゥストラの態度と知を表わしている。ここでも永劫回帰思想を語るのはツァラトゥストラではなく動物たちであるが、ツァラトゥストラは、先の章で喉に喰いついた蛇を噛み切って吐き捨てたのが自分であることを述べて、その出来事からの快癒の間に動物たちが永劫回帰思想を「手回し風琴の歌」に変えてしまったことを指摘する。彼らの知は、いまだ本質的な知ではない。傍観的な知にすぎないからである。

若者の喉に食いついた黒く重い蛇は、すべてが意味もなく回帰する永遠の虚無、つまりニヒリズムの暗闇である。ニヒリズムは、外からではなく、その内からしか超克できない。蛇を噛み切るとは、ニヒリズムを実存的に受け止め、そして超克することである。将来と過去への無限な広がりのなかで、将来と過去が衝突する瞬間に自ら立つこと、瞬間そのものに成り切ることである。「永劫回帰の教説の最も重く、本来的な事柄」(GA44, 60) が肯定されるとき、実存の転換が達成される。「永遠が瞬間のうちに有ること」(*ibid.*)、永劫回帰についての真の知の立場、上記の連関で言えば、全体における有るものの非覆蔵性としての真理の立場である。

今やツァラトゥストラは、「謎を解く者」として真の「知者」になった。彼は、最も重い思想が「快癒する者の超克する思想」(GA44, 61) としてでなければならないことを知っている。最も重い思想を軽やかに歌うこと、彼はそれを手回し風琴の歌にすることなく歌う「詩人」になる。「謎を解く者」として「知者」であると同時に「詩人」であることは、「根源的な統一における両者、結局第三の者」(*ibid.*) だとされる。

このような知者ツァラトゥストラに対し、動物たちは、彼が「永劫回帰の教師」であり、それが彼の「運命」であることを告げ、「今や、没落する者が自分自身を祝福する時が来た。こうして――ツァラトゥストラの没落が終わる」と語る (KSA4, 275-277)。そしてハイデッガーもそのことを受けて、「この教説の教師が自分をこの教説自体から把握し、自分を必然的な犠牲として、移行であるがゆえに没落しなければならない者として把握するとき、そのようにして、没落する者が自分自身を祝福するとき、そのときに初めて、彼は彼の目的と終わりに達するのである」(GA44, 62)と記す。ただし、ツァラトゥストラの「没落」について、「没落が終わる」と述べる動物たちに対し、少なくともハイデッガーは慎重である。右に引いた語のなか、教説の教師が実現すべき条件をはっきり提示しつつ、実際のツァラトゥストラがそれを満たしたかどうか断言をしていない。

没落の終わりを告げた動物たちとは対照的に、ツァラトゥストラは沈黙して、自らの魂とのみ語り合う。ハイデッガーによれば、ツァラトゥストラは自らの使命を見出し、自らがそれである者になる。「深淵が高みに属することを学ぶことで、彼は、忌まわしく悪しきものをも超克した」(GA44, 63)。もっとも、悪しきものの超克とはそのものの排除ではなく、その必然性を承認することである。「自らそれである者になる」とは、永劫回帰をその内実全体において最大の重しとして血肉化し、自ら「英雄」になることである。先にも記したように、「英雄的」とは、「自らの最高の苦悩と最高の希望とに同時に向かって行くこと」(FW. n. 268)であった。

このようにして、今や「英雄をめぐってすべては悲劇になる」ということの意味が確認される。ハイデッガーは、改めて『愉しい学問』第四書の結びの二つのアフォリズムと『ツァラトゥストラ』の連関に触れ、ニーチェにおける「悲劇的なもの」について語る。すなわち、「ツァラトゥストラとともにヨーロッパにとっての「悲劇的時代」が始まる。悲劇的知は、「生そのもの」つまり全体における有るものが、「苦悶、破壊」、苦悩を条件として必要としていることを、そしてこれらすべてが生に対する異議ではないことを知っている」(GA44, 64-65)。「悲劇的なもの」の内に罪や終末や絶望しか見ない通俗的な考えは、ニーチェの立場から遠ざけられなければならない。「全体における有るものの根本法則は戦いそのものにあるが、ニーチェの意味における悲劇的なものとは、この全体における有るものに対する意志の立場であり、知の立場である」(GA44, 65)。

ハイデッガーは、このような意志と知を悲劇的なものの本質と見る立場から、『ツァラトゥストラ』を悲劇として受け取ろうとした。しかし、問題は終わっていない。というのも、ハイデッガーにとって、「ツァラトゥストラが始まる」は、「ヨーロッパにとっての「悲劇的時代」が始まる」ということだからである。「没落」の「始まり」による「移行」はツァラトゥストラが彼自身になる「本来的な歴史」であるが、ハイデッガーは、そこにヨーロッパのニヒリズムの歴史と運命についての洞察を重ね合わせる。ハイデッガーからすれば、永劫回帰に対する肯定は、ヨーロッパの歴史のただなかでの、その悲劇的時代に対する肯定とならなければならない。このとき、その歴史的課題も、自ら「瞬間」に立つことから捉えられる。ハイデッガーは、「瞬間の内に立つことは、まさに充実した現在とその歴史性の広がり全体のなかに出て行って立つことである」(GA44, 59-60)と語る。それは、「課せられているものと付与されているものとの相剋(Widerstreit)を展開し、耐えることによって、反対に向かって走るものを自分のうちで衝突させる」(GA44, 59)ことである。いかなる過去をも引き受けることといかなる将来にも立ち向かってゆくこととの衝突は、歴史のなかでの「瞬間」に求められる。「課せられているものと付与されているもの」という着想が、ヘルダーリン講義を踏まえていることも、言うまでもない。

しかし、最大の重しとしての永劫回帰思想が歴史的課題とされ、ツァラトゥストラの「没落」にして「移行」の歩みがヨーロッパの歴史に重ねられるとき、この課題は、作品としての『ツァラトゥストラ』を超えたものになる。少なくともハイデッガーは、『ツァラトゥストラ』によって永劫回帰思想が十全に考察されたとは考えなかった。それはニーチェ自身が、「英雄をめぐってすべては悲劇になる」の後に、『ツァラトゥストラ』第三部から二年後の著作『善悪の彼岸』で、なお「半神」と「神」をめぐる語を続けざるを得なかったことにも現れていると思われる。ハイデッガーがこの語を講義のモットーに掲げるかぎり、少なくともそのように受け止めていたはずである。そのことの検討が、永劫回帰思想の第三の伝達に向かうことを求めるのである。

(三) 神と世界への問いかけ

ハイデッガーが取り上げるのは、『善悪の彼岸』の第三部「宗教の本質」と題された箇所である。その五六番のアフォリズムでニーチェは、「最も勇敢で活き活きとし世界肯定的な人間」が「有ったものや有るものと折り合って調和することを学ぶのみならず、それが有ったしかつ有るように再び持とうと欲し、あらゆる永遠に向かって飽くことなくモウ一度（da capo）と叫ぶ」と語り、その最後を「それは、悪シキ円環デアル神（circulus vitiosus deus）ではないだろうか」と締め括る（JGB. n. 56）。

ハイデッガーによれば、「悪シキ円環」とは、欠乏や苦悩や破壊的なものをも必然的なものとして繰り返しもたらす円環、つまり永劫回帰の循環である。今やこの悪しき円環こそが神であるとされ、肯定を求められているかのようである。先の二つの伝達と同様、ここでも永劫回帰は問いとして、しかも神そのものをも問いに取り込んで語られる。

続けてハイデッガーは、ツァラトゥストラが自らを「神-なき者」と呼んでいることを挙げる。ハイデッガーによれば、ニーチェが「神は死んだ」と言うとき、考えられているのは「「道徳的に」解された神」（GA44, 69）のみであり、ニーチェがすべての神なるものを否定したとは受け取らない。そのうえで、かつてフライブルク大学学長就任演説「自己主張」のなかで「情熱的に神を求める最後のドイツの哲学者、フリードリヒ・ニーチェが言ったこと、すなわち「神は死んだ」」（GA16, 111）と記しているのを思い起こさせるように、「ニーチェを、一度も神を求めて格闘したこともないし格闘することもできないがゆえに一度も神を-失うことすらありえない、あの「神-なき者」と一緒くたにしてはならない」（GA44, 70）と記す。すぐ前の括弧に入れられた「神-なき者」が通常の無神論者であることは明らかである。しかし、無神論者でないからと言って、ニーチェを、感傷的ないしロマン主義的に神を求める者にすることももちろん許されない。これらの立場に対して、「神-なき者としてのツァラトゥストラは、究極の窮迫――しかしこの窮迫は根本において単なる不幸としてではなく、同時に最高の幸福の可能性として――を経験し、それによって最も必要なものを創造する最も内的な必然性を経験する」(GA44, 70)。

こうして「神-なき者」は、問いの前に立たされる。神々が常にすでに現存しているなら、人間にとってなお創造すべきものが残っているだろうか。むしろ、神こそがまず創造されなければならないのではないか。そのためには、人間自身に、自己を超えて創造する力が必要なのではないか。人間が自らの神をあまりに軽く考えないために、最大の重しが必要とされるのではないか。最大の重しの思想が向き合うのは、これらの問いである。それが、第一講義冒頭に掲げられた『反キリスト者』の一節と呼応していることは言うまでもないであろう。

神の死によるニヒリズムという究極の窮迫の経験は、キリスト教の神に規定され続けた過去をそのものとして引き受けることである。その歴史の全体を担うとき、それは「最大の重し」になり、深淵は最深となる。しかし、深みが高みと一つになるのが「瞬間」であった。「最高の幸福の可能性」とは、究極の窮迫をそのものとして肯定する瞬間に新しい歴史が始まりうることを含意している。しかし、そのためには、従来の人間は「末人」として超克され、新たな人間、「超人」が生まれなければならない。「最も必要なもの」の創造とは、「超人」の創造であり、最終的には超人による新しい世界の創造であろう。ツァラトゥストラは、「永劫回帰」の教師であるとともに「超人」の教師であった。

しかし、繰り返せば、そのような創造のためには「没落」が必要である。ハイデッガーは、そこにニーチェにおける「悲劇的なもの」を見て取る。「悲劇的なものとは、有るものの究極の諸対立の共存であり共属、すなわち、最高の希望と最深の苦悩、幸福と不幸、創造と破壊が一つであることである」(GA44, 235)。永劫回帰思想は、その最高の定式化に他ならない。回帰思想を思惟する者は、知と意志の英雄であった。「「英雄をめぐってすべては悲劇になる」。そして、悲劇を通してのみ神への問いが、つまり、それをめぐって、しかもただ「おそらくは」すべてが世界になる神への問いが生じる」(GA44, 71)。「悪シキ円環デアル神」への問いを第三の伝達として掲げたハイデッガーは、知と意志の英雄が、悪しき円環である神そのものをも肯定することを通して新たな世界に向かうと考えたのではないか。

一方、講義を導く語のなかで残されているのが、「半神をめぐってすべてはサテュロス劇になる」ということである。この語についてハイデッガーは考察を行っていない。しかし、われわれは、ヘルダーリン解釈を通して「半神」が「神々の下の者」にして「人間を超える者」とされているのを見た。言葉だけを重ねて捉えるのは乱暴であろうが、ハイデッガーがヘルダーリンとニーチェを強い連関のもとに受け止めていたことを踏まえるなら、ヘルダーリンにおける「半神」を右のように書いたときにニーチェの「超人」が念頭になかったとは考えにくい。だとすれば、「半神」と「超人」の関係は「ヘルダーリンとニーチェ」として問題化してくる。この点については、次章で改めて考察することにし、ニーチェに対するハイデッガーの態度を改めて確認しておこう。

(四) ニーチェに対する断定と揺れ

以上、永劫回帰思想をヨーロッパの歴史の地平から受け止めるのがハイデッガーの基本姿勢である。彼は、『愉しい学問』の時期の遺稿から「この思想が現にある瞬間から、すべての色彩が変わり、別の歴史が存在する」(Herbst 1881, 12[226]) というアフォリズムを引いてくる (GA44, 142)。「この思想」が何を指すか元の文脈では必ずしも明白ではないが、この語の少し前に「悲劇ガ始マル」(Herbst 1881, 12[223]) とあることを踏まえ、ハイデッガーは、永劫回帰思想を悲劇として受け取るのである。その決定的な契機は、「没落」が「移行」になるということ、そのことを通じてツァラトゥストラが彼自身であるものになるということである。それはつまり、「永劫回帰の教師」、「英雄」、「生の代弁者、苦悩の代弁者、円環の代弁者」になることである。

『愉しい学問』でのデーモンによる最初の伝達に次いで、三四一番の文言をほぼ直接受けるように始まった『ツァラトゥストラ』にあっても、その思想がすぐには伝達されず、第三部に至ってようやく、しかも「重力の精」や「動物たち」の口を通して伝達されたこと、これらはすべて問いであり、しかもこの間、いくつもの教説の行程をたどりながらツァラトゥストラが孤独や沈黙、疲労や嘔吐、そして睡眠と覚醒、病気と回復を重ねなければならなかったこと、「没落」が「移行」になるそのような歩みのなか、永劫回帰の世界を「瞬間」において肯定することによってツァラトゥストラが「英雄」になること、そこにハイデッガーは「悲劇」を見ようとする。

すでに論じたように、ハイデッガーは永劫回帰思想を、全体における有るものの真理という観点から受け止め、それをヨーロッパの歴史に重ね合わせる。そして「別の歴史が存在する」とされる「瞬間」について、ニーチェが「永遠と正午」として語っていることを引いてくる。正午とは、影が最も短くなる瞬間である。「影」は、ニーチェのテクストにおいて一義的ではないが、ハイデッガーはこの文脈で「神の影」と受け止め、「神の死が隠蔽され偽装され、その代わりに神の影がますます強力にさまよう」(GA44, 188)と記す。一見キリスト教とは関係のないもの、「無限の進歩」や「多数者の幸福」、「良心道徳」や「あらゆるものの尺度としての理性」や「社会主義」など、すべてはキリスト教の道徳的神とその死の偽装、つまり神の影に他ならない。ニーチェからすれば、これらすべての神の影が覆われたまま歴史を規定し窮迫となるからこそ、歴史の長い影を影として受け止めることによって、「窮迫(Not)」の「転換(Wende)」が達成され、すべては歴史の「必然性(Notwendigkeit)」になる。従来のヨーロッパの歴史は、すべてニヒリズムの歴史として肯定される。この肯定の瞬間、影は最も短くなる。ハイデッガーによれば、「等しいものの永劫回帰の思想は、ただこの超克する思想としてのみある」(GA44, 203)のである。

このようにして、ハイデッガーは、永劫回帰思想を主題に掲げ、ニーチェのニヒリズム理解とその超克の試みをその展開に即して辿っていく。しかし、ハイデッガーは講義の終盤、元々の講義計画では四つの段階のうちの第二段階に移ったところで、ニーチェの立場に対し、それがニヒリズムとしての形而上学を超克するものではなく、むしろ形而上学に囚われたもの、つまり「西洋形而上学の終結(Ende)」だと断定する。それは後にはまた、「完成(Vollendung)」とも呼ばれるようになる。

本章の最初、われわれは、ハイデッガーがニーチェの立場を、「有るものへの問い」という形而上学的な「主導的問い」のなかに位置づけていることを確認した。それによると、ニーチェは、有るものの根本性格を「力への意志」のなかに見出した。そして今や、「構制(Verfassung)」ないし「本質」において「力への意志」である「全体における有るもの」は、その「有り方(Weise zu sein)」において「等しいものの永劫回帰」であるとされる。「力への意志は、本質においてかつその最も内的な可能性にしたがって、等しいものの永劫回帰である」(GA44, 229)。

ハイデッガーがニーチェの二つの思想の関係をこのように求める背景には、ニーチェ自身の主要テーゼがあった。すなわち、「生成に存在の性格を刻印すること――これが最高の力への意志である。〔…〕すべてのものが回帰することは、生成の世界の、存在の世界への究極の接近である。すなわち、考察の頂点」(Ende 1886–Frühjahr 1887, 7[54])というものである。

ここでは、二つの思想の関係が、「存在」と「生成」の内的連関において捉えられている。この連関は、第3章で触れたように、ハイデッガーが西洋形而上学の原初に見出した決定的な契機である。

このことは、ニーチェが、形而上学を超克するために有るものをめぐって提示した二つの主要思想「力への意志」と「等しいものの永劫回帰」を思惟することによって、形而上学の原初に立ち返ったことを意味する。それは、形而上学の歴史の全体を「一つの円のうちに閉じる」(GA44, 226) ということである。

そして、このことは、さらに言えば、ニーチェの立場が「原初的な原初」(GA44, 231) ではないということである。講義の冒頭、講義全体の構想を示す際には、「西洋哲学の終結」に対して「その別の原初」(GA44, 4) と言われているが、これら二つの「原初」は同じものを表すと考えられる。

われわれは、ニーチェにおける「悲劇」としての『ツァラトゥストラ』が「没落の始まり (Beginn)」において問題になることを先に指摘したが、以上のハイデッガーの解釈からすれば、この著作もまた、歴史の「新しい原初 (Anfang)」への「移行」にはならないということである。その意味では、『悲劇の誕生』同様、『ツァラトゥストラ』も「悲劇の始まり」を全うすることにはならなかった。「別の原初」や「別の歴史」は、この時期のハイデッガーの思索の試みのなかで繰り返されるモチーフであり、このことについては、その背景にあるヘルダーリン解釈との連関で、次章で改めて考察するつもりである。ただし、これらのモチーフにおいて成り立つ当時の悲劇解釈のなか、「没落」が「移行」と結びつくという着想は、紛れもなくニーチェから受け取ったものであった。その意味では、ニーチェとの対決がハイデッガーのこの時期の思索に多大な影響を及ぼしたことは、どれだけ強調してもし過ぎることはない。そして、さらに言えば、ニーチェに対する「形而上学の終結」といった断定にもかかわらず、ニーチェに対するハイデッガーの態度決定には、ある種アンビバレントとも言うべき揺れ、あるいは未決定の問題が残っていたように思われる。そのことを、われわれの主題と触れ合う限りにおいて、最後に、二つの観点から指摘しておきたい。

一つは、ディオニュソスの位置づけである。先に、第三の伝達「悪シキ円環デアル神」について触れたが、注目すべきは、十数年を経た一九六一年、一連のニーチェ講義や関連論考をもとにネスケ版『ニーチェ』二巻が出版された際、この第二講義の当該箇所にハイデッガーが若干の加筆修正を行い、「悪シキ円環デアル神」を受ける仕方で、「それは、ニーチェが彼の道の終わりになお呼びかけるあの者——ディオニュソスであるか。そして、この神をめぐって——世界になるのか」(GA6.1, 286) と記していることである。この箇所の記述はこれだけであり、ニーチェが後年までこだわり続けたディオニュソスについて、他の箇所を含めハイデッガーが特に掘り下げることはなかった。一九五三年の論考「ニーチェのツァラトゥストラは誰であるか」では、『この人を見よ』(一九〇八年)のなかの「人は私を理解したか——十字架に架けられた者に対するディオニュソス…」(KSA6, 374) を引いて「ツァラトゥストラとは誰であるか。ディオニュソスの代弁者」(GA7, 121) と記しているが、前章で論じたように、ヘルダーリンにおけるディオニュソスと比べても、ニーチェにおけるディオニュソスそのものを論じることはほとんどない。

同じように、本講義の終盤に差し掛かり、晩年のニーチェの主著の計画について触れる箇所、一八八八年秋、つまりニーチェの活動の最終局面において「あらゆる価値の価値転換」の表題のもと、「ディオニュソス。永劫回帰の哲学」、「哲学者ディオニュソス」と記されていることに言及しているが（GA44, 167）、ネスケ版『ニーチェ』では、このことについて「ニーチェにとってこの表題が意味するのは、「ディオニュソス」および「ディオニュソス的」という語が何を指しているかは、「等しいものの永劫回帰」が思惟されている時にのみ聞こえ、理解されるということである」と記し、さらにそれが結局は「力への意志」との共属性になることを指摘している（GA6.1, 420）。しかし、この内実に当たる考察がなされることは、この後も続くニーチェ講義や論考においてもなかった。このことは、ニーチェにおけるディオニュソスということについて、ハイデッガーがなお検討されるべき問題性を感じていたことを示すものではないかと思われる。

もう一つの観点として注意したいのが、ハイデッガーが講義の締め括りに、ニーチェ思想の別の主要語「運命愛（amor fati）」を持ち出してくることである。ニーチェ自身がそれほど多く語っていない「運命愛」については、ハイデッガーもまたほとんど語ることがない。しかし、この箇所でハイデッガーは、「愛」も「運命」も両者の結びつきも、ニーチェの最も固有な思惟から理解しなければならないとする。

「愛」とは、一つの感情ではなく形而上学的な意志であり、「愛されるものがその本質において、それがあるがままにあることを意志する意志」(GA44, 232)、「その本質において意志されたものをその存在の最高の可能性のなかに取り出し、取り上げる変容としての意志」(ibid.) である。また、「運命」とは、受動的に服従すべき宿命ではなく、窮迫の転換としての必然性であり、「それは掴み取られた瞬間、全体における有るものの生成の充溢の永遠性として、すなわち悪シキ円環デアル神として蔽いを開く」(ibid.)。したがって「運命愛」とは、「有るもののなかの最も有るもの的なものへ帰属することを、変容しつつ意志する意志」(ibid.) である。いかなる窮迫であれ、意志は、窮迫を転換させて肯定することによって変容したものとなる。「最も有るもの的なもの (das Seiendste)」というのはめったに使われる表現ではないが、ここでは、悪シキ円環デアル神に向けられているようである。ただし、それは神だからではなく、「悪シキ円環」が意志に肯定を迫る究極の窮迫だからである。ここに、運命愛と永劫回帰の独自な連関が示されている。

以上二つの観点は、ハイデッガーにとってニーチェが最後まで一義的に捉えられる存在ではなかったことを示しているように思われる。本章で主題とした「永劫回帰」を扱った講義の後も、ニーチェの立場は「存在の歴史」全体のなかで探られることになるが、「悲劇」と「ニヒリズム」の関係もまた、「運命」や「歴史的運命」との連関において問いであり続けるのである。

第7章 存在の問いと「悲劇」——歴史的運命としてのニヒリズム

1 ヘルダーリンとニーチェ

これまでの考察を改めて振り返り、その途中で保留してきた問題を検討することが、最終章の課題になる。まずは、大きくクローズアップした「ヘルダーリンとニーチェ」という主題に取り組むことから始めたい。

再確認するなら、ハイデッガーが、「存在の問い」の展開のなかで両者を主題的に扱うようになるのは、一九三〇年代半ば以降のことである。一九三〇年代初めには、[1]『存在と時間』の「基礎的存在論」による「存在の意味」への問いの途絶がすでに気づかれ、新たに「存在の真理」への問いが、やがて「存在の歴史」という着想と結びついて展開を始める。そのような新たな模索が、大学改革の失敗による学長職の退任を背景にしていることも、第2章で触れた通りである。

個人の意図や理想などをいとも簡単に押し潰してしまう民族的ないし国家的力、そしてそれらの力同士の絶えざる抗争を生み出しながら動いていく「世界歴史」の現実、この全体を視野に収めうる「存在の問い」の立場を求めることが、ハイデッガーの課題になった。そのような歴史的現実の全体は、『存在と時間』で分析された現存在の歴史性によって基礎づけられるようなものではなく、現存在の事実的実存もまたそのうちで生起する民族の生起としての、さらには、民族的現存在の生起をも包む存在そのものの生起としての、「歴史的運命」である。

こうして、存在の問いの新たな局面に立ったハイデッガーにとって、ヘルダーリンとニーチェは、共にドイツ民族の歴史的運命を自らの運命として引き受けた詩人にして思索者だった。ハイデッガーは、「黒表紙のノート」に、両者を一緒に名指す必然性や理由を繰り返し記している。ただし、このとき同時に、両者の間に決定的な違いを見て取ってもいた。この着眼自体は、「黒表紙のノート」刊行以前からすでに知られていたことだが、「黒表紙のノート」の刊行によってより明瞭にされたと言うことができる。

たとえば、ヘルダーリン第二講義には、「「ニーチェとヘルダーリン」——一つの深淵が両者を分けている。深淵的に区別されつつ、両者はドイツ人と西洋の最も近い将来と最も遠い将来を規定している」（GA52, 78）と記されているが、同時期の「黒表紙のノート」の「注解Ｉ」には、「ヘルダーリンとニーチェの間の深淵的な区別は、ヘルダーリンが、より以前からすでに、かつより高次の環境において、形而上学に属しながら、にもかかわらずその超克の前触れであるということに存する。それに対してニーチェは、明らかに形而上学の終焉（Verendung）の時代のなかに立つ〔…〕」（GA97, 13-14）というように、両者の違いが形而上学との連関のもとに述べられている。

　重要なのは、このような違いにもかかわらず、いな違いを明らかにすることを含めて、両者が共に名指されなければならなかったということである。ヘルダーリンの最初の講義の後、ニーチェへの本格的な取り組みが始められた時期のノート「考察Ⅶ」の断章には、「もし、最後の諸決断の最後の力が賭けられないならば、〔…〕ヘルダーリン以後、ニーチェ以後、ドイツ人にとってもはやいかなる詩作も思索も存在しない」（GA95, 30）と記されている。ここでドイツ人にとって「決断の力を賭ける」と言われていることは、「ドイツ人の最も覆蔵された本質をめぐる戦い」（*ibid.*）に結びつく。もちろん、自らの本質をめぐる戦いは、ドイツ民族だけの問題ではない。自らの本質を歴史のなかに探っていくことは、いかなる民族にとっても共通の課題であるはずである。ただし、最も固有な本質は、すでにヘルダーリン講義に即して触れたように、それを見出して獲得するのが最も困難なものである。ハイデッガーは、ドイツ民族のそのような本質を、一八世紀に遡る「詩人たちと思索者たちの民族（Volk der Dichter und Denker）」という言い回しに見出し、随所で繰り返す（GA50, 95, 102, GA52, 134, GA95, 10, usw.）。しかしそれは、ドイツ民族がもはやそのような民族でなくなっていることへの洞察の裏返しでもあった（GA94, 501, 514）。

同じ「考察Ⅶ」のノートでは、「詩人たちと思索者たち」という複数表現を受ける仕方で、その者たちが「かの創造者たちの前触れにすぎない」(GA95, 10) と記す。かの創造者たちとは、「西洋の歴史のなかで、存在するものをいつか存在《あり》の決断に立て、そのようにして神の遁げ去りかそれとも到来かを性起の出来事にならせる」(GA95, 10-11) 者たちである。ここでは、ヘルダーリンを詩人に、ニーチェを思索者に、というような単純な割り振りが問題なのではない。彼ら以前のドイツの詩人たちや思索者たちに対して、ヘルダーリンとニーチェを存在の歴史における「創造者たち」という視点から捉えようとするからこそ、両者を一緒に名指す必要があった。同じノートには、「ヘルダーリンとニーチェ——存在《あり》の歴史」という見出しの断章のなか、「われわれは今や好んで両者を一緒に名指す。しかし、このようなことが許されるのは、ただわれわれが両者の区別を知っている場合のみである」(GA95, 65) と記されている。この長めの断章は、両者に対するハイデッガーの理解を知るうえで極めて重要なもので、少し後の箇所には、「ヘルダーリンとニーチェを一緒に名指す理由、それにもかかわらず、両者を直ちにその比較不可能性において確保する理由は、存在《あり》の歴史のうちにのみある。というのも、両者がギリシア人たちに本質的な関連をもち、根本的に異なった仕方ながら「ディオニュソス的なもの」と「アポロン的もの」を認識し、ドイツ人たちの批判を遂行した等々——これらはすべて、両者の存在歴史的な使命の、異なった仕方で根拠づけられた帰結にすぎないからである」(GA95, 67) とまとめられている。

さらに別のノート「考察XIV」には、「一方を他方と一緒に名指す必然性は、彼らが時代の深淵によって分けられているからである。ニーチェは、形而上学の完成を表す呼称である。ヘルダーリンは、一八〇〇年以来、形而上学の外部に立っており、ある別のものを創設しているが、ニーチェはそのものへの関連を知ることがない」(GA96, 199) とも記されている。

それでは、「存在の歴史」という視点からこのように捉えられた両者の違いが、ギリシア悲劇というわれわれの主題においてどのように認められるか、そのことを、ハイデッガーが両者に共通に見出した「没落」と「移行」ということに即して考察してみたい。

繰り返せば、「没落」が同時に「移行」になることをニーチェがツァラトゥストラの形姿に託して著した作品『ツァラトゥストラ』に、ハイデッガーは、悲劇の本質的なものを見て取った。「没落」と「移行」を経て「等しいものの永劫回帰」の思想そのものを血肉化し、ツァラトゥストラが彼自身になる歩みは、その生起自体が「本来的な歴史」である。そこにまた、ニーチェがニヒリズムとしての形而上学を超克して新たな歴史に向かうという試みが重ねられる。こうして、「総じて等しいものの永劫回帰の思想を思惟するとき、思惟されるべきものが思惟する者に跳ね返り、思惟する者を思惟されるもののうちに関わり入らせる」(GA44, 205) ということが、ニーチェ自身に向けられるのである。

永劫回帰思想が「全体における有るもの」に関わるかぎり、最終的に問題になるのは、ニーチェ自身がはたして、かついかにして、この思想を肯定できるかである。永劫回帰に則るかぎり、ツァラトゥストラの「没落」が超人への「移行」になること、そのことを求める永劫回帰思想の伝達にニーチェ自身が苦悩していること、この全体もまた回帰するはずである。「等しいものの永劫回帰は、「ニヒリズム的に」かつ瞬間的に思惟される場合にのみ思惟される」(GA44, 204)とされるかぎり、瞬間に立って全体を肯定することが、誰よりもニーチェ自身に求められなければならない。ただし、前章で確認したように、ニーチェは、生成の世界が存在の世界に究極的に接近する「永劫回帰」を、生成に存在の性格を刻印する「力への意志」との連関で捉えようとする。ハイデッガーは、そこに生成と存在の接近を見出し、それは結局、形而上学の原初の思索者たちに帰り行くことであり、それによって、形而上学の歴史的展開そのものが閉じることになると考えた。従来の形而上学を転換させる試みは、形而上学の根本構制がそれ自身の可能性を尽くすこと、言い換えれば「形而上学の完成」であり、それが「形而上学の終結」ということである。歴史のなかでの瞬間的な決断は、ニーチェにおいて別の歴史の原初への移行にはならなかった。

それに対し、ヘルダーリンは、神々の到来か遁げ去りかについての決定(決断)の欠如という「窮迫」を持ち堪えることによって、来るべき新しい原初を準備した「将来の詩人」として受け止められる。ヘルダーリンが、古き神々はもはやなく、来るべき神はいまだないという、二つの「無」に挟まれた「世界の夜の時代」のなかで詩作の本質を詩作したことが、その「移行」の性格を特徴づける。ハイデッガーは「黒表紙のノート」のなかに、「「移行」としてのヘルダーリン」と記し(GA 94, 248)、また「ヘルダーリンの属する全く別の原初」（GA 95, 253）とも記している。ハイデッガーがヘルダーリンの詩句から受け止めた「存在の創設」のモチーフは、他ならぬヘルダーリンそのものの位置づけでもあった。

ここでわれわれは、前章で確認したこと、すなわち、ニーチェにおける「ディオニュソス的なもの」と「アポロン的もの」の対立図式をいっそう本質的に洞察したものとして、ハイデッガーがヘルダーリンにおける「天の火」と「叙述の明晰さ」を挙げていたことを思い出したい。存在の歴史という観点に立つハイデッガーからすれば、ニーチェがギリシア悲劇の成立のなかに見て取った対立図式が世界歴史の動性とは直ちに結びつかないのに対し、ヘルダーリンがギリシア民族とドイツ民族との間に見て取った対立図式は、初めから歴史的性格を担っている。だからこそハイデッガーは、ギリシアの第一の原初を、ドイツの歴史的現状から課題として受け止めることができた。

両者に対するこのような違いの立場を、前章で保留していた「半神」と「超人」の連関に即してさらに見ておこう。このことは、ハイデッガーが「永劫回帰」思想の考察にあたって講義のモットーに挙げた『善悪の彼岸』の語のうち、「半神をめぐってすべてはサテュロス劇になる」ということをどのように受け止めるかということにも関わっている。ハイデッガーがそのことに触れていないため、たしかにわれわれには、直接に考察する手がかりが欠けている。しかし、ハイデッガーが、ヘルダーリンの詠った「半神たち」の説明に際し、それを「神々の下の者たち（Untergötter）」にして「人間を超える者たち（Übermenschen）」と規定したことを踏まえるなら、「半神」と「超人」が重ね合わされるところに「ヘルダーリンとニーチェ」という主題を繋ぐことができるように思われる。

ニーチェの「超人」から確認するなら、『ツァラトゥストラ』の有名な「贈り与える徳」で「すべての神々は死んだ。今やわれわれは、超人が生きんことを欲する」（KSA4, 102）と言われるように、超人は神なき世界にあって、従来の人間を超え行く存在、「大地の意味」として、新たに歴史を始める主体と考えることができる。このとき、「神々の死」、つまり「神々の没落（Untergang）」を徹底するという仕方での自らの「没落」が、「超人」への「超え-行き（Über-gang）」としての「移行」に重ね合わされる。ただし問題は、ツァラトゥストラにとって、ニーチェ自身にとって、この超人がどのように位置づけられるかである。

ハイデッガーは、一連のニーチェ講義を終えた後も、一九五一／五二年冬学期講義『思索とは何の謂いか』において、また先述の論考「ニーチェのツァラトゥストラとは誰であるか」（一九五三年）において、『ツァラトゥストラ』を再び主題的に取り上げた。論考の表題が示しているように、ツァラトゥストラが誰であるか、さらに誰でありうるかは、ハイデッガーにおいて常に問いであり続けた。ただし後者の論考でも、ツァラトゥストラは「永劫回帰」と「超人」の教師であって、超人そのものではないと見なされる（GA7, 107）。『ツァラトゥストラ』の内実からしてそうであろうし、それは、ニーチェ自身がいまだ超人の境域に立っていないということでもあろう。

一方、ハイデッガーの解釈において、「半神」は、神々の言葉である合図を受け止めて自らの民に伝える詩人と重ね合わされる。上記のように、古き神々が立ち去った世界の夜に、神々が残した痕跡を、不在の神々の合図として聞き取り、来るべき世界の朝に向けて、言葉によって存在を創設するのが将来的な詩人の使命である。ハイデッガーにとってヘルダーリンは、神々の「没落」の夜を新たな神々への「移行」の時と受け止め、しかも二重の意味で不在の神々とドイツ民族の間に立って民族の歴史的苦悩と使命を詠う詩人であることによって、半神に比せらるべき存在になったのである。

以上、元々の文脈は異なるものの、「半神」と「超人」が共に人間を超えた存在として位置づけられることに基づいて、「神々の遁げ去り」と「神の死」という歴史的洞察を生きたヘルダーリンとニーチェを突き合わせてみた。ただし、友人に宛てて「アポロンが私を撃った」と告白したヘルダーリン(HS3, 466)、同じく書簡のなかで「ディオニュソス」を名乗ったニーチェ(KSB8, 574)、両者が奇しくもともに人生の後半ないし晩年を精神的暗闇のなかで過ごさなければならなかった事実に向き合うとき、人間にして人間を超えようとすることがどれだけの犠牲を払わなければならないか、改めて人間の運命と思想の運命ということを思わずにはいられない。

2 存在の悲劇性と存在の歴史

(一) 没落と移行の受け止め直し

われわれは前節でハイデッガーの存在歴史的思索の立場から、悲劇という主題に沿って「ヘルダーリンとニーチェ」を考察したのであるが、最後に、その存在の歴史そのものに目を向け、「悲劇」という主題がどのように位置づけられるかを考察することにする。このとき注目すべきは、ギリシア悲劇解釈が展開した一九三〇年代の終わりに、存在それ自体を悲劇的とする一見特異な着想が現れることである。ただし、それは、本書で取り上げたいくつかの術語や主題と同じく、公刊著作においてのことではない。ハイデッガーの場合、公刊著作には見出せない独特な着想や術語が講義録や覚書き集に見出されることが少なくないので、その内実が多様な広がりを示すとともに、各々のテクストの性格と相俟って、解釈の難しさを生み出すことになる。とりわけ、近年は膨大な「黒表紙のノート」が加わったことで、ハイデッガーの思索の射程を取り出す作業は、より大きな課題に直面している。それでは、存在そのものが悲劇的であるとは、どのようなことを言うのだろうか。

たとえば、一九三八年から三九年に書かれた「黒表紙のノート」、「考察XI」の断章六二に、「存在《あり》それ自体が「悲劇的」である。――すなわち、存在《あり》は、深-淵［脱-根拠］（Ab-grund）としての没落から始まり（fängt … an）、存在《あり》の真理にどこまでも適うものとしての原初のみを、許容する」（GA95, 417）と記されている。またすぐ後の断章六四でも、「「悲劇的」であるのは、没落から出発するものである。なぜなら、それは基づける者であること（Gründerschaft）を深-淵のうちで受け止めているからである。悲劇的なものを「把握すること」、すなわち、悲劇的なもののそのつどの本質の深みを予め測り通すことは、悲劇的なものそのものの内でそのつど到達されている存在《あり》の真理から規定される。悲劇的なものは、そのつど本質に開かれた人間が存在《あり》の本質現成に際立った仕方で差し向けられていることである。問いに値するものへの決-意性［脱-閉鎖性＝開-鎖性（Ent-schlossenheit）］は、「悲劇性（Tragik）」の本質存立に属する」（GA95, 418）と記されている。

ハイデッガーはさらに続けて、なぜ中世では「悲劇」が不可能になり、近世ではますます稀になったのかと問う。この問いに対して答えを提出してはいないが、逆に言えば、古代の原初においてのみ、深淵（脱根拠）としての存在の没落が可能になり、悲劇的なものが経験されえたということである。補足して言うなら、このような存在経験が、ギリシア神話に由来する具体的な素材と結びつくことで、悲劇の詩作が可能になったということになるであろう。このことは少し後、パルメニデスを主題にした一九四二／四三年冬学期講義で、「ただギリシア悲劇のみがあるのであり、その他の悲劇は存在しない。ただギリシア的に経験された存在の本質のみが、ここでの「悲劇的なもの」が必然になる原初性を持つ」（GA54, 134）と述べていることに通じている。(2)

一方、上のノート「考察XI」と同じ時期、一九三八／三九年の覚書き集『省慮』の第六九節「存在《あり》の歴史」でも、「われわれが「悲劇的なもの」の本質を、原初が没落の根拠であり、しかし没落が「終結」ではなく原初の周りを囲むものであるということのうちに見るなら、存在《あり》の本質には悲劇的なものが属する」と書き起こし、「大いなる——本質的な——詩作は、存在《あり》の創設として「悲劇的」である」と記している（GA66, 223）。

「黒表紙のノート」と『省慮』いずれの断章や覚書きも、具体的な作品に触れることなく、「悲劇（的なもの）」を「存在の問い」の立場から受け止めている。『ツァラトゥストラ』の「没落」モチーフが強く出ているのは言うまでもない。ただ、ハイデッガーにおいて、存在における悲劇的なものの始まりは「開始（Beginn）」ではなく「原初（Anfang）」である。そして、そのようにして「始まる」のが「深淵（Abgrund）」における「根拠づけ（Gründung）」、すなわちヘルダーリンの詩作から受け止めた「存在の創設」である。しかも、その存在の本質を導くのは、すでに何度も確認した「非覆蔵性」としての「真理」理解に他ならない。『存在と時間』の「決意性」が、先に補足したように「隠れ（覆蔵、閉鎖）を破る（開く）こと」として捉えられていることにも留意すべきである。

一方、存在の原初における「没落」が、やはり『ツァラトゥストラ』のモチーフに従って、「移行」理解と独自な仕方で結びつくことも確認しておこう。ハイデッガーは、一九三〇年代半ば当時、自らの歴史的時代を「移行の時代」と受け止めていた。『寄与論稿』にも「黒表紙のノート」にも、この語が繰り返し記されている（GA65, 83, GA94, 195, 287, GA95, 19, usw.）。

そして、「考察Ⅳ」という「黒表紙のノート」では、存在の問いにおける本質的な知が「省慮」と呼ばれたうえで、「神々の最後の死が西洋を覆って来ているのではないか。この究極の可能性のうちへ出て行って思索する者のみが、今の歴史の背後に覆蔵されている窮迫を測り抜くことができる」（GA94, 297）と述べ、「この省慮を呼び起こし、そのうちへ突入し、それを準備すること、――没落が移行になるためには、このことだけが肝心である」（GA94, 298）と記している。また、「なぜ移行する者たち（移行を遂行し準備する者たち）が没落する者たちでなければならないのか。従来のものを超え、かつ来たるものの上で、弧を描かなければならない移行のアーチは、真っ直ぐに進む長い距離を許容しない。そうではなく、アーチの要素として絶えざる変化の弧形の短さをそのつど要求し、したがって最短の軌道を要求するからである」（GA94, 300）とも記されている。さらに、「移行を準備する、没落する者たちの必然性」（GA94, 406）という語も見出される。

「移行」についての着想は、覚書き集『寄与論稿』では、より整えられた定式として、「第一の原初の終結から別の原初への移行」（GA65, 228）となった。第一の原初に始まる形而上学の歴史から別の歴史の原初へということであるが、別の定式で言えば、「存在するものとは何か」という「主導的問い」から「存在とは何か」という「根本的問い」への移行は、連続的なものではなく、思索における「跳躍」にならなければならない。そこに、「存在《あり》の真理を基づける者たちの没落」（GA65, 7）が求められる。したがって、ハイデッガーにおいても「移行」は、ややもするとこの日本語から受け取られがちな単なる「移り行き」ではなく、「形而上学の超克（Überwindung）」という意味での「超え行き」であり、「没落」もまた、主導的問いが展開した歴史の根底に向けて、未だ問い出されていない根本的問いを遡源するものになる。このような意味で、「没落」が同時に「移行」であることが、この時期以降展開される「存在歴史的思索」において受け取られたがゆえに、それは「移行的思索」とも名づけられた。

そして、この「移行的思索」では、第一の原初に始まる歴史のなかに別の原初の到来が生起することに向けて、「最後の神」の「通り過ぎ（Vorbeigang）」とそれを準備する「将来的な者たち」との関わりを、存在の問いの思索において準備することが構想される。

たしかに、「第一の原初から別の原初へ」という表現をハイデッガーが公刊著作で使うことはなかったし、「別の原初」という語も多くはない。しかし、この語自体はいくつかの覚書き集に見出されるものであり、近年公刊された「黒表紙のノート」にも、すでに触れたように、「第二の原初」や「新しい原初」など術語の広がりを伴って、第一の原初に始まる歴史とは「別の歴史」ということが繰り返される。このような試み自体、ハイデッガーにとって他ならぬ「原初（始まり）」が問題だったことを示している。

存在を悲劇的なものとする着想は、原初において、しかも原初として立ち現れた存在が、その本質現成することのうちにすでに本質歪曲、つまり本質を歪めたり逸したりする方向性を含むということである。別の原初への移行を試みる者は、本質歪曲を含む存在の原初の深淵へと遡行し、つまり没落しなければならない。

ハイデッガーは、『寄与論稿』のなか、ギリシアの原初に触れる文脈で、「思索と詩作（悲劇とピンダロス）においては至るところで、アレーテイアが本質的である」（GA65, 360）と記している。「詩作」のうちピンダロスについては今控えるとしても、[3] ギリシア悲劇に関して言えば、すでにこれまで考察したように、仮象と一つになった存在が迷いとの本質統一と相剋を通して立ち現れ、その立ち現れとしての存在の真理が人間的現存在の場で生起すること、そのような生起が神や人間の具体的な形姿に即して詩作されるとき、その詩作がギリシア悲劇となったのである。そのかぎり、ギリシア悲劇は、アレーテイアとしての「存在の真理」が経験された古代ギリシアの原初でのみ可能であった。

しかし、第一の原初がすでにそれ自身のなかに「没落」の方向性を含むことに応じて、先にも引いた『省慮』の第六九節「存在《あり》の歴史」の覚書きには、「おそらくこれまでの諸々の「悲劇的詩作」は、西洋の形而上学に属することに応じて存在するものを詩作しており、存在《あり》を間接的にしか詩作していないがゆえに、諸々の前庭（Vorhöfe）にすぎないであろう」（GA66, 223）と記されている。右に記したように、思索と詩作の違いはあれ、ギリシア悲劇もまた、古代ギリシアの原初に属するものとして、形而上学との類縁性が認められ、存在を間接的にしか詩作していないという評価がなされることになるのである。

以上、一九三八年から三九年にかけて見出される、存在そのものを悲劇的とする着想について考察した。それは、覚書き集のなかのごくわずかな箇所のことで、そのかぎり記述としては一過的である。しかしながら、少なくともそのように名指されるべき事態が見て取られたこと、それは決して非本質的なことではなく、むしろ存在の問いにとって、とりわけ存在の歴史という思想にとって本質的であったと思われる。それだけに、なぜこの着想、言い換えればこの言葉遣いが消えてしまったのかということも、当然ながら問題になる。右の言葉に即せば、存在を間接的にではない仕方で詩作する悲劇的詩作が将来に期待されているようにも受け取られるが、そのような試みがなされることはなかった。そこにはどのような事情があったのだろうか。最後に、この着想の背景にある存在の歴史、および存在の歴史的運命について検討することにしたい。

(二) 歴史的運命としてのニヒリズム

第一の原初に始まる存在の人間への立ち現れは、すでに繰り返し述べたように、存在が人間に自らを送り遣わす「存在の歴史的運命(Seinsgeschick, Seins-Geschick)」であり、それはまた「存在の歴史」の別名である。ただし、「存在の歴史」であれ「存在の歴史的運命」であれ、動詞「生起する」や「自らを送り遣わす」の主語が「存在」であることから、「存在」が実体化され、その「存在」なるものが生起したり自らを送り遣わしたりするかのように理解されること、そのような言語的制約を免れないように思われる。しかし、歴史として生起し、歴史的運命として自らを送り遣わす「存在」は、われわれ個々の「存在」であり、また個々の物や他者の「存在」である。これらがすべてそれぞれに「有る」かぎり、存在は、対象化以前にすでにそのものとして与えられている。われわれがそのつど自らのものとして引き受けている存在は、全体における有るもののただなかで、他動詞的にそれを存在するとでも言うより他ないものである。ハイデッガーが古代ギリシアに見出すピュシスの経験は、まさにそのように有りと有らゆるもののなかに自らを見出す存在経験であろう。

しかしながら他方、古代ギリシアでピュシスに囲まれつつピュシスに関わりゆくことに始まったテクネーの長い歴史的展開を通して、ピュシスとしての存在も技術的制作可能性の観点から見られるものに成り下がっている。テクネーに由来する技術は科学的なものとなって巨大化し、世界の様相を目まぐるしく変え、そして世界内存在としての人間の有り方をも大きく変えてきた。「歴史的運命」の語が、存在に関わる事象でありながら、後年技術論の文脈で多用されるようになる背景には、何よりも技術による世界の激変が映っている。

テクネーと人間の関わりが、アイスキュロスによるプロメテウス悲劇に、そしてソポクレス『アンティゴネ』の人間讃歌に映っていたことは、学長就任期そして辞職後のハイデッガーにとって決定的であった。前者から「知（学）と運命」を主題的に取り出したこと、そして後者に技術的知を本質とする人間存在の「無気味さ」を見出したことは、すでに考察した。それは同時期の「工作機構」、やがて「集立（総かり立て体制）」としての技術的世界を視野に入れた「無気味さ」に広がっていったと言うことができる。実際、本書で考察の主要対象とした一九三〇年代半ばから四〇年代半ばにかけての講義では、原初的な思索者たち、ヘルダーリン、そしてニーチェが繰り返し扱われ、彼らの言葉がそのつど解釈の対象となりながら、そのなかで科学ないし科学技術に関わる発言が突然のように導入されることがある。一九三八年に講演され、後に論考となった「世界像の時代」に端的であるように、そのような世界像の拡張を、「表象定立（Vorstellen）」を本質とする形而上学的な思惟に基づけ、形而上学そのものをニヒリズムとして位置づける存在歴史的思索が深められてゆく。

ところで、技術への洞察が存在の歴史と相俟って思索的に展開する過程での「無気味さ」の意味の深化と拡大は、第4章で考察した二つの『アンティゴネ』解釈の間にも認めることができる。一九三五年と一九四二年の二回の講義は、共に「デイノン」解釈を中心に置くものであったが、すでに指摘したように、人間存在を「最も無気味なもの」として受け止めつつ、ハイデッガーは、それを受ける動詞の訳語を、より動的なものに変化させた。それは取りも直さず、「無気味なもの」の含意が強まり激しくなったことに他ならない。そして上で見たように、三五年には合唱歌だけの解釈で終えたのに対し、七年後には、作品の内実に踏み込んで、「ポリス」の訳語を「国家」に替えて人間存在の滞在の「場」とし、さらに、存在するものの「開け（das Offene）」と規定した。また、少し後の戦後に書かれた「黒表紙のノート」では、「ポリス」の語に由来する「政治的なもの（das Politische）」について、「「政治的なもの」は、人間存在の本質と歴史的運命からのみ、すなわち、存在《あり》の真理に基づいてのみ、思惟されうる」（GA97, 131）と記し、「政治的なもの」を存在の真理から捉えようとしている。このような理解の展開の背景には、現実の政治権力を前に知の無力を経験したところから、その経験の意味を「存在の問い」のレベルで探っていった姿を窺うことができるであろう。

ただし、ここはしっかりと押さえておかなければならないが、このように「ギリシア悲劇」および「悲劇」について独自な着想を広げていったハイデッガーが、自らの政治的挫折そのものを「悲劇」や「悲劇的」の語で呼ぶことはなかった。むしろ、自らの経験に映った歴史的現実をどこまでも「存在の問い」の立場から捉え返そうとした。「悲劇」という語を使わざるを得なかったとすれば、世界の歴史的現実を捉えうる視座を確保するという立場からであったと思われる。

しかしながら、ハイデッガー自身、ギリシア悲劇のなかに存在の真理の本質現成を認めながら、一九四〇年代半ばにさしかかる頃から、次第にギリシア悲劇への言及が少なくなること、この事実は何を意味するだろうか。それは、ギリシア悲劇が属する原初が結局西洋の歴史のなかでニヒリズムを迎えざるを得なかったこと、そしてハイデッガーにおいて歴史的運動としてのニヒリズムへの洞察が大きくなったことと、無関係ではないであろう。

ヒトラーの独裁によるナチス・ドイツの暴挙がヨーロッパ全土に広がるなか、第二次世界大戦勃発とともに、軍事力の拡張へと突き動かされる人間の欲望がやがて原子爆弾という形をとり、それが世界大戦を終結にもたらす一方、戦後もなお拡張を止めない原子力エネルギーの開発や、同じくこの時期からハイデッガー自身の発言が目立ってくる情報技術の進歩など、さまざまな技術力の増大は、ハイデッガーがニーチェの語として繰り返し引く「大地支配（Erdherrschaft）をめぐる戦い」（Frühjahr-Herbst 1881, 11[273]）が世界全体の現象となり、「地球」が文字通り「迷いの星［惑星］（Irrstern）」（GA7, 96）になる歴史的過程を作り上げていった。

こうして、多くの国家や民族にそれぞれの運命を割り振りつつ、しかし全体として一つの世界を突き動かすように働く巨大な力、まさしく地球大に広がる現代技術の本質を「集立（総かり立て体制）」の語で呼び、その本質をニヒリズムとして捉えた立場からすれば、ギリシア悲劇を背景に取り出された「悲劇」の語は、意味の狭いものになったということがあったのではないだろうか。

一方、第5章で触れたように、ハイデッガーは戦後かなりの時期を経て行った講演「ヘルダーリンの大地と天空」（一九五九年）のなか、戦前に繰り返し引いたヘルダーリンの語「生は死、そして死はまた一つの生」を再び引いた（GA4, 165）。そこには、戦後、新たに「四方界」の世界観、すなわち、「天空」と「大地」、「神的な者たち」と「死すべき者たち」という四者が相互に映し合い働き合う「映働」から世界を捉える立場を展開させていくとき、「死すべき者たち」である人間にとって、技術時代における「生と死」が前代未聞の仕方で問題になっていることへの洞察があったと思われる。

先にわれわれは、第5章を締め括るに際して、「死すべき者たち」と「神的な者たち」両者の関係が最終的に問題になるのではないかという問いを掲げておいた。ハイデッガーが「死すべき者たち」を名指すとき、「死ぬとは、死を死として能くすることを謂う」(GA7, 180, GA79, 17)。同時期の別の著作では、「或ることを能くする(vermögen)とは、或ることをその本質にしたがってわれわれのもとに放ち入れ(einlassen)、その入来(Einlass)を大切に守ること」(GA7, 129)と言われているため、この理解に定位すれば、死をその本質にしたがってわれわれのもとに放ち入れ、死がそのようにして入り来るのを大切に守るということになるが、問題は、死の本質である。その「死」についてハイデッガーは、「四方界」を語る文脈のもと、「無の聖櫃として、存在を蔵する山並み」(GA7, 180, GA79, 18)と述べている。「山並み(Gebirg)」の語は「蔵する(bergen)」の語と「共同、集積」を表す接頭辞〈ge-〉を合わせたものであり、「聖櫃、社(Schrein)」の語もまた聖体を安置し、あるいは聖なるものを祀るものであるがゆえに、ここでは二つの語が響き合い、「死」が「無」と「存在」をともにそれ自身のうちに蔵することを表すと解されうる。これを、蔵することの深みにおいて無と存在とが一つになると受け取るなら、それは、生と死を一つに捉えるヘルダーリンの言葉とも重なり合う。あるいは、生と死がもともと一つであるところを、存在と無の共属から捉えようとしているとも言えるであろう。

しかし他方、四方界の世界観の裏面に現代技術の本質としての集立があることを踏まえるなら、ハイデッガーは、「死を死として能くする」ことがますます困難になっていること、そしてそのことがわれわれの世界を規定する歴史的運命になっていることを深く見て取っていた。死を死として能くすることの困難は、死と不可分の生を生として能くすることの困難でもある。今や「死すべき者たち」の複数形は、民族ということを超えて、そのような困難を共有する者たち、ハイデッガーが繰り返し引くヘルダーリンの詩句を借りるなら、地球という大地の上に住まう者たち、つまりは技術時代の人類にまで広がることになる。

『存在と時間』で、現存在の「究極の可能性」として規定された「死」は、本来的歴史性における「運命」を開く実存的可能性であったが、その死が、実存的性格は維持したまま、むしろその可能性を共有することで成り立つ連帯としての歴史的運命の課題になっているのである。

一九六六年、七〇歳代後半に差しかかったハイデッガーは、シュピーゲル誌のインタビューで、ニヒリズムという問題連関のもと、世界の動きが絶対的な技術国家を導出してきている現状において個人の営みや哲学が世界に影響を与えうるかという記者の問いに対し、個人の行為も哲学も世界の状況を変えることはできないと答え、「かろうじて神なるもの（ein Gott）のみがわれわれを救いうる」（GA16, 671）と述べた。そして続けて、「救うことの唯一の可能性を私は、思索と詩作において、神の現出かそれとも没落における神の不在かに向けて心構えを準備することのうちに見る」（*ibid.*）と語った。「神なるもの」という語は対談上の一回的なものであるが、ここでの発言は、「簡潔に、おそらくはいくぶん強固に、しかし長い間の省慮に基づいて」（*ibid.*）なされたものである。このときハイデッガーは、「没落」の可能性をも見据えながら、神なるものが求められざるを得ないことに現代世界の歴史的運命を見、その運命の意味と射程をどこまでも存在の問いとして思索することに、「移行」としての自らの歴史的使命を見出していたように思われる。

結……………問題の射程——改めて、今なぜギリシア悲劇なのか

「なぜギリシア悲劇なのか」という問いを掲げ、ギリシア悲劇そして悲劇そのものをめぐるハイデッガーの思索に向かったわれわれが最後に問うのは、その思索的立場が今なお何を語るかということである。そもそも上の問いは、ハイデッガーにとってギリシア悲劇が何を意味するかという問いであると同時に、なぜわれわれはハイデッガーにおけるギリシア悲劇を問題にするのかという、われわれ自身に向けられるべき問いでもある。「改めて、今なぜギリシア悲劇なのか」という問いは、言わばそのことの言い換えである。

われわれは、日々直接間接にさまざまな出来事に遭遇し、そのなかで「悲劇」ないし「悲劇的」という語を耳にし、また口にもする。それらは、内実や程度の違いこそあれ、まさしくこの語でしか言い表せない事柄に直面した自身の心情の吐露である。人間としてごく全うな生き方をしていながら、まさに運命の悪戯としか言いようのない悲痛な目に遭ったとき、あるいは他の誰かが思いもかけない事態に巻き込まれてももがき苦しむのを目にしたとき、われわれはやり場のない怒りややるせなさを覚

え、あるいは人生を恨み、あるいは無力感に苛まれ、あるいは言葉を失う。このとき、われわれはかろうじて右の語を与えることで、今や露わになった世界や人生の真実に向き合うのである。

紀元前六世紀に遡るとされるギリシア悲劇の起源についてはなお多くのことが不明だとされるが、当時のアテナイの国家的行事となった悲劇の競演の場で、観劇者たちが共有したのも、同じような心情だったのではないか。それにしても、二千数百年前のこの祭典の全盛期を作り上げた三人の悲劇作家たちの作品群が、全体からすればほんの一部であるとはいえ、今日まで伝承されて人類の知的遺産になっているというのは、実に驚くべき奇跡である。そして題材も筋も多様ながら、自らの意志に従って行為した人間が予想もしなかった不条理に直面して苦悩する姿が人間存在への問いとなり、あるいはそのような不条理を含んで成り立っている世界への問いとなり、哲学者たちを鼓舞してきたことも、本書の冒頭に述べた通りである。ハイデッガーもまた、その詩作の領域に立ち入った一人であった。アリストテレスが、悲劇は「あわれみ」と「恐れ」を通じてそれらの感情の「浄化」をもたらすと述べた『詩学』を、ハイデッガーが主題化することはなかったが、この心的作用が、人間存在を全体において包み込む根本気分と重ね合わされるなら、両者の距離は一気に縮まるであろう。

本論で考察したように、ハイデッガーが一九三〇年代、ギリシア悲劇について独自な接近を展開した過程は、『存在と時間』で「運命（Schicksal）」に対し術語レベルでは区別されながら、その内実を掘り下げられることのなかった「歴史的運命（Geschick）」を明確化させていく歩みであった。それが

「民族」ないし「民族的現存在」の歴史的使命と結びついたところから、ギリシア民族とドイツ民族との歴史的対話に立ち入ることになったが、その対話を通して向き合った原初的な思索者たちとヘルダーリンとニーチェ、時代も立場も異なる彼らのなかに、ハイデッガーはギリシア的「真理」の経験を探っていった。

存在の覆いは、世界内存在であるわれわれ一人一人が、世界の刻々の現れを受け止めながらそのつど言動を取ることによって揺れ動き、そしてそのことが世界のそのつどの現れを、したがってまた隠れを規定する。存在することが総じてさまざまな隠れ（覆蔵性）を含んで成り立っていることの洞察、われわれの知や意志や言語が、覆蔵性からその覆いを剥ぎ取って覆蔵されているものを露わにすることに関わる一方、その働きが却ってまた存在を覆ってしまうことにもなること、ハイデッガーが、ギリシア悲劇の物語のなかに見て取ったのは、およそこのような存在の真理の動性だった。悲劇詩人たちが登場人物を取り巻く出来事や彼らの言動のなかに巧みに張り巡らした運命の綾の目、それはこの動性の別名に他ならない。

たしかに、ハイデッガーが多少なりとも取り上げた悲劇作品は、アイスキュロスの『プロメテウス』にソポクレスの『オイディプス王』と『アンティゴネ』というように限られており、しかもその扱いはきわめて部分的で、およそ作品解釈とは程遠いものであった。しかし、それらには、運命に対する知の無力、自らの存在の由来を追求して止まない人間の性《さが》、そしてポリス的存在である人間存在の無気味さなど、自らに固有な知や意志によって存在の真理の動性に、つまり「空け開けと覆蔵の原抗争（Urstreit）」に巻き込まれる人間本質への洞察が認められる。それは、知の愛求の地ならではで生まれえた、やはり知をめぐる独特な詩作への関心であった。[1]ただし、知の愛求を使命とした者であったからこそ学知の改革によって民族の再興を果たそうとした、その政治的判断の誤り、そしてその現実を受け入れていく過程で直面した歴史の制圧的とも言うべき力は、ドイツ民族の歴史的運命という枠を超え、自らが携わってきた「存在」の問いの内実をはるかに拡大膨張させて、幾重にも再考を迫ってきたと思われる。

このようにして、運命の力の背後に神の存在を予感しえたソポクレス、かつての神々の遁げ去りと来るべき神々の到来の間に立つことを詩作のモチーフにしたヘルダーリン、さらにキリスト教の神の死を宣告し、新たな神ディオニュソスを求めたニーチェ、西洋精神史を作り上げてきたこれらの詩人や思索者の言葉に向かいつつ、しかし当然ながら彼らのいずれとも異なる二〇世紀世界の歴史的現実を「存在の問い」の立場から「存在の歴史的運命」として思索することが、ハイデッガー自身の課題になった。そこには、歴史的時の重さの新たな経験があったと思われる。唯一の新しい神すら現れないことを西洋二〇〇〇年の歴史として洞察したニーチェの「ヨーロッパのニヒリズム」は世界大のニヒリズムになり、他方ヘルダーリンの詩「ムネーモシュネー」第一、二稿の詩句「時は長い、しかし真なることは起こる（es ereignet sich aber /Das Wahre.）」における「時の長さ」は、「貧しき時代」の「貧しさ」と相俟って、存在の真理を「性起の出来事（Ereignis）」として思索することの困難さになる。たしかに、「運命」の語に響く「送り遣わす（schicken）」や「相応しい（schicklich）」の語を連関づけて「歴史的運命（Geschick）」に、そして「歴史（Geschichte）」に結びつける試みは、本論でも指摘したように、ハイデッガーお得意の言葉遊びとも映るであろう。

しかし、それはドイツ語のなかに響いている事柄、あるいは世界の成り立ちの内に含まれているからこそ殊更にドイツ語の単語として現れ出てきた事柄、その事柄の内実を、まさに「言葉が語る（Die Sprache spricht.）」がままに取り出そうとする試みであった。したがって、ドイツ語に即したものであっても、ドイツ語世界だけに当てはまるものではない。

そもそも、われわれ一人一人の存在には、つまり「今ここ」での「有る」には、身近な家族や知人から無数の他者の「有る」が映り、そこに周囲の社会から限りない世界、間近い月日から果てしない歴史が映る。一人一人の「有る」は、まぎれもなく自分のものでありつつ、しかもわれわれ自身の力を超えて与えられるものであり、つまり送り遣わされたものである。歴史的世界のただなかでの人間存在のこのような現実が、「運命」「天命」「宿命」といったわれわれの言葉にも響いていることは言うまでもない。

それでは、改めて、以上のように「存在の問い」の立場から「悲劇的なもの」を問うたハイデッガーの思索は、二一世紀の今、何を語ってくるだろうか。

繰り返して言えば、われわれがそのなかを生き、ありのままと見なして受け止めている現実の世界は、生成変化する多様な自然現象により、あるいはわれわれが作り上げてきた社会的習慣や制度により、あるいは両者の結びつきにより、幾重ものヴェールに覆われている。もちろん、世界の本体なるものがあって、それをヴェールが覆っていると言うのではない。幾重ものヴェール以外に世界の現れはないのである。しかし、そもそものような覆いに気づかれるのは、オイディプスさながら、さまざまな巡り合わせによって覆いが剥がされたときであろう。世界内存在であるわれわれが、それと知らずに、あるいは意図的に、あるいは避けようとして、言葉により行為により世界の覆いを開く一方、そこにまた人間本性に根づく無知や過ちが加わることで、覆いを重ねることになるのは、上にも述べた通りである。

そのように幾重ものヴェールが張り巡らされている世界のただなかで、そのヴェールを一枚ずつ剥がしていくものの一つが、技術であろう。世界と人間との間を媒介する諸々の技術、とりわけロゴス的動物であるわれわれにとって言語伝達に関わる情報技術の進歩は、「空け開けと覆蔵の原抗争」の度合いをますます大きくして、われわれの存在を規定しつつあるように思われる。それでも本性的に知ることを欲するわれわれは、新たな技術を駆使して世界に向かい、自らの存在を作り上げていく。アイスキュロスの悲劇からハイデッガーが受け止めた「知と運命」の「知」の原語がテクネーであったように、技術の知はわれわれ人間の運命そのものである。

一方、異郷的なものの経験を通して家郷的になること、それこそがハイデッガーがヘルダーリンの詩作との対決を通して取り出した「歴史の根本法則」であり、それはソポクレスの悲劇解釈にも重ね合わされた。しかし、そのハイデッガーが現代技術への視座を含むニヒリズム理解を背景に七〇年以上前に語った「家郷喪失性が世界の運命になる」(GA9, 339) という語が真理を語っているとすれば、それどころか、それ以降の世界の変化を通してますます真実の度合いを増しているとすれば、家郷と異郷の区別さえも希薄になった現代のわれわれには、家郷的になるための異郷の経験すら難しくなっているのではないだろうか。

しかし、それでもわれわれは、常に新たな世界のなかで、真に自分自身であることのできる場所を探し、言うなれば家郷的に安住することを求めて行かざるを得ない。時代や社会の変化のなかで新たな覆いが気づかれるとともに剥がされ、あるいは剥がされることで気づかれるとき、そのつど世界が新たに立ち現れ、われわれの可能性もまた開かれる。

二千数百年前、われわれ人間の存在の覆いをめぐる苦悩を見つめ、知と運命を詠ったギリシア悲劇詩人たちの言葉は、今後も読み継がれていくであろう。世界が常に過去の歴史を携えながら、しかもそのつど新たな発見を加えながら動いていくとき、ハイデッガーの言葉を借りれば「世界が世界する」とき、その新たな世界のなかで、詩人たちの言葉の覆いを剥ぎ、隠れていた意味を発見していくこと、それは現代のわれわれに与えられた課題であるとともに、大いなる可能性である。

あとがき

誰しも少なからず同じではないかと思うが、『オイディプス王』から最初に受けた衝撃は、まさしく筆舌に尽くし難い。思わぬ成り行きで国王に選ばれた男が、必要に迫られて、事態の解明に一歩ずつ歩を進めながら、真相がすべて露わになるや、真実が見えていなかった己の両眼を突き刺し、一盲人となって放浪の旅に出る。登場人物たちとの緊密に張り巡らされた網の目のなか、あたかも運命に導かれるようにして真実の露わになり行く歩みが同時に自身の破滅への道となるという筋立てには、今なお読み返すごとに、二千数百年も前によくぞこれほどのものがと、驚嘆の念を禁じ得ない。

アレーテイアとしてのギリシア的真理の動性を存在の本質に見出すハイデッガーが、その真理の具現をこの作品に見出したのも、至極尤もであろう。ただ、久しくハイデッガーを研究していながら、全く素通りしていたこの作品への言及を、今さらのように論文に仕上げ、次いで『アンティゴネ』解釈を試みたのは、早十年前のことである。

折しも、関西哲学会で依頼講演の機会をいただき、右の『アンティゴネ』解釈を、観点を変えてソポクレス論として披露した。ハイデッガー研究としては新機軸を提示したつもりだったが、古代哲学専門の方々がおられる前で、ハイデッガーの古代ギリシア解釈を扱うのは、俎上の鯉の気分だった。

ただ、この時の発表を会誌『アルケー』（京都大学学術出版会）に寄稿した折り、思いもかけず編集部の國方栄二氏から、研究をまとめる予定があるならぜひお声がけをとの有難いメールをいただいた。

國方氏とはそれまで面識がなかったが、氏の古代哲学研究者としての経歴はよく存じ上げていたので、お声がけを大変光栄に思うと同時に、実は内心驚いた。というのも、京大の古代哲学史講座では、歴代教授の田中美知太郎氏と藤澤令夫氏が共にハイデッガーの古代哲学解釈に対してきわめて批判的であられたから、その講座出身の方がハイデッガーの古代解釈に注目して下さったのが意外に思われたのである。その後、作業のやり取りを通して、國方氏がハイデッガーに関心を示して下さるのを経験するにつけ、私の全く独りよがりな思い込みであったことを恥ずかしく思っている。

古代哲学史講座との繋がりで言えば、藤澤氏を継がれた内山勝利氏は、私もそのご研究に大いに助けていただいているが、ハイデガー・フォーラムの年次大会で「古代哲学」の特集を組んだ折り、依頼講演を引き受けて下さり、次の講座担当者である中畑正志氏も、同じくハイデガー・フォーラムの年次大会で「古代哲学」の二度目の特集を組んだ際、やはり依頼講演者として登壇して下さった。お二方とも、専門のお立場上ハイデッガーの解釈には明確な距離を置かれているが、フォーラムでの議論の場に出て下さったことは、ハイデッガー研究者として大変有難かった。

中畑氏が登壇された大会では、私自身も、今度は『プロメテウス』解釈で応募発表を行った。このときは、東京大学の納富信留氏も依頼講演者として参加して下さったが、このお二人からコメントをいただけたことは、望外の幸せであった。

しかし、この間、國方氏のお言葉を常に気にかけながら、私のギリシア悲劇論研究は、なかなか進まなかった。何よりも、一冊の本にするには材料が足りなかった。おまけに、諸々の案件が押し寄せ、次第に國方氏への連絡も遠のいていった。しばらくは、本書の元になる論文を少しずつ書き溜めながら、自らの関心をギリシア悲劇論に繫ぎ止めるのがせいぜいだった。ようやく諸々の仕事にひと区切りが付き、不躾ながら思い切って久しぶりに國方氏に連絡を取り、書籍としてまとめたい旨改めて申し出たところ、氏は、数年前の約束をまるで一週間前の約束の続きであるかのように受け止めて下さった。二千数百年前の古典を相手にされている人は、さすがに時間のスケールやセンスが違うものだと妙に感心した。

具体的な作業に入って以降、何より有難かったのは、編集上のことはもちろん、ギリシア語表記の基本的な留意点から作品解釈や辞典に関わる専門情報に至るまで、種々のご高配をいただけたことである。内容に関わることはもちろんすべて筆者である私の責任であるが、國方氏には、このたびの出版に関わるすべてのことで、篤くお礼を申し上げたい。

ハイデッガーへの取り組みから、また古代ギリシア世界への関心から、学生時代に古代ギリシア語に一通り取り組んだものの、結局ものに出来ずに終わった私にとって、ギリシア語の細かな疑問を気軽に相談させていただいたのは、古代ギリシア哲学の専門家でかつハイデッガーにも造詣が深い、立命館大学名誉教授の日下部吉信氏である。メールで質問を送るとすぐさま気さくに対応して下さる日下部氏には、この場をお借りしてお礼を申し上げる。

原稿を一通り書き終えた段階で、信頼するハイデッガー研究者の一人、後輩の田鍋良臣氏に読んでいただいた。多忙ななか、訳語の見落としや不統一などの形式面から内容上の疑問まで、有益な指摘を送ってくれた田鍋氏にも感謝したい。

最後に、繰り返せば、ギリシア悲劇は、膨大なハイデッガー研究のなかにあってこれまでそれほど取り上げてこられなかった主題である。その意味と射程を明らかにすることが、本書の目的であった。このような研究をまとめられたのは、ひとえに、ハイデガー・フォーラムや関西ハイデガー研究会など諸々の学会や研究会で交流させていただいている先輩・同輩・後輩の方々、さらに私の関わる講座や講習会に参加して下さっている一般の方々のおかげである。お一人ずつ名前を挙げることのできないのが返す返す残念であるが、これら全ての方々に心からお礼を申し上げたく思う。ささやかな本書により、哲学界と読書界に多少なりともお返しができれば、それに勝る喜びはない。

初出一覧

序・第一章　書き下ろし

第二章　「ハイデガーとギリシア悲劇―アイスキュロス『縛られたプロメテウス』をめぐって」

第三章　（ハイデガー・フォーラム編『電子ジャーナル　Heidegger-Forum』一三号、二〇一九年）
「オイディプスの一つ多過ぎた眼―ハイデッガーのソポクレス解釈」
第四章　（日独文化研究所編『文明と哲学』四号、二〇一二年）
「『アンティゴネー』の合唱歌をめぐる一試論―ハイデッガーのソポクレス解釈(二)」
（日独文化研究所編『文明と哲学』五号、二〇一三年）
「ハイデッガーとギリシア悲劇―ソポクレス解釈をめぐって」
第五章　（関西哲学会編『アルケー』二三号、二〇一五年）
「ハイデッガーにおけるディオニュソス」
第六章　（日独文化研究所編『文明と哲学』一二号、二〇二〇年）
「「悲劇」をめぐる一試論―ハイデッガーのニーチェ解釈をめぐって」
（日独文化研究所編『文明と哲学』一一号、二〇一九年）
第七章・結　書き下ろし
既発表のものも、すべて大幅に手を加えた。

二〇二三年四月

秋富　克哉

注

序

（1）ホメロス、ピンダロス、アイスキュロス、ソポクレス各々とハイデッガーとの関わりについては、以下の事典での筆者によるテーマ項目「古代ギリシアの詩人たち」、および各詩人についての人名項目を参照されたい。ハイデガー・フォーラム編『ハイデガー事典』、昭和堂、二〇二一年。

第1章

（1）「黒表紙のノート」として報告されたものとして、第一冊目は公刊されていない（二〇二三年四月現在）。

（2）斎藤慶典『私は自由なのかもしれない』、慶應義塾大学出版会、二〇一八年、三七〇頁以下を参照。

（3）ハイデッガーはソロンの名前を挙げているが、「美しいこと［立派なこと］は困難である」という語は、ソクラテスのものとしてプラトンの対話篇に引かれている。『ヒッピアス（大）』三〇四E、『国家』四三五C、『クラテュラス』三八四Bなど。

第2章

（1）たとえば、『エウメニデス』のなかの一詩句についての言及が、後年のアテネ講演「芸術の由来と思索の使命」に見られるにすぎない（GA80.2, 1332）。

（2）『ギリシア悲劇全集　第二巻』（岩波書店、一九九一年）所収の本作品訳者の伊藤照夫による解説を参照。二九五―二九六頁。

（3）『藤澤令夫著作集　Ⅲ』、岩波書店、二〇〇〇年、二二二頁以下。この箇所は藤澤の著作『世界観と哲学の基本問題』の「第Ⅲ章　技術」に当たるが、藤澤はそこで、アイスキュロスとプラトン『プロタゴラス』それぞれにおけるプロメテウス解釈を取り上げ、その技術理解の内実と現代的意味を検討している。

（4）当該箇所について、ハイデッガーの訳はその全体への完全な訳にはなっていない。右記注（2）における伊藤照夫訳を参照するなら、たとえば前者「かかる罪過の償いを神々に果たさねばならない」（九行）については、「かかる罪過の償いを果たす」に当たる部分に、「そのような過-失（迷い）に対して、正当さを与える、つまり容認する」という語訳を当て、後者「人間どもに不相応な恵みを授けた」（三〇行）については「不相応な」に当たる部分に、「正当さの限界を超えて」という語訳を当てている（GA35, 211）。

（5）『寄与論稿』では、「将来する者たち」と「最後の神」という独自な「人間と神」を組み込んだ、「別の原初」における存在の思索空間の全体が、六つの「接合肢（Fügung）」から成る「接合組成（Gefüge）」として構想されることになる。第一の原初においてプロメテウスの行為を介した「人間と神」が、〈Fug〉〈Fuge〉の連関で捉えられていることは、二つの原初の間の対応として受け取られる。

（6）この演説をはじめ、ハイデッガーが一九三〇年代に直面した政治的状況を、「黒表紙のノート」を含む豊富な資料によって明らかにした研究として、以下を参照。轟孝夫『ハイデガーの超-政治――ナチズムとの対決／存在・技術・国家への問い』、明石書店、二〇二〇年。

（7）この古い言い伝えが具体的に何を指すのかを、ハイデッガーは述べていない。ただ、考えられる有力な可能性の一つとして、ハイデッガー自身が幾つかのテクストで触れているテオプラストスを挙げることができると思われる。以下のテクストに断片五〇として収められているものは、「プロメテウスは知者で、人類に初めて知を愛すること（哲学）を分け与えた。そこから、人類に火を与えたという神話も伝えられる」となっている。*Theophrasti Eresii opera, quae supersunt, omnia* : graeca recensuit latine interpretatus est, indices rerum et verborum absolutissimos adjecit Fridericus Wimmer, ed. Firmin-Didot, 1931. テオプラストスの断片の所在については、京都大学名誉教授中務哲郎先生からご教示をいただいた。中務先生に、この場をお借りして感謝申し上げたい。

（8）『ギリシア悲劇全集　第二巻』、岩波書店、一九九一年、三六頁。

（9）山本光雄編訳『初期ギリシア哲学者断片集』、岩波書店、一九五八年、五頁。内山勝利編『ソクラテス以前哲学者断片集　第一分冊』（岩波書店、一九九六年）では、「修練は完璧に」と訳されている。一二九頁。

（10）伊藤訳では、「何であれすべては厄介事です、神々の支配者になることは別ですがね」となっている。『ギリシア悲劇全集　第二巻』、岩波書店、一九九一年、七頁。

（11）伊藤訳で「権力」と「暴力」の訳語が当てられているクラトスとビアーそれぞれのドイツ語訳としては、たとえば〈Obmacht〉と〈Zwang〉（Übersetzung, Anmerkungen und Nachwort von Walter Kraus, Reclam, Stuttgart, 1965.）、〈Kraft〉と〈Gewalt〉（übersetzt von Oskar Werner, hrsg. von Bernhart Zimmermann, Artemis & Winkler, Mannhaiem, 7. überarbeitete Aufl., 2017.）などがある。

（12）一九三五年の夏学期講義『形而上学入門』では、ピュシスの語を考察する文脈のもと、当時の言語学研究に触れ、最近ピュシスの「ピュ」という語根がパイネスタイの「パ」とが連関づけられていると述べ、『比較言語研究』（Zeitschrift für vergl. Sprachforschung. Bd. 59.）を挙げている（GA40, 76）。これは、該当の号に掲載された次の論考であると考えられる。F. Specht, *Beiträge zur griechischen Grammatik*, Göttingen/Vandenhoeck & Ruprecht, 1932.

第3章

（1）本章の考察はあくまでハイデッガーの立場から試みる『オイディプス王』への接近であるが、この作品そのものの読解については、日本の古典文献学者および古代哲学研究者による以下の諸研究および論争から多大な啓発と刺激を受けた。

『ギリシア悲劇全集　第三巻』（岩波書店、一九九〇年）「オイディプース王」の訳者岡道男による解説。その解釈に対し、藤澤令夫の論考「オイディプスは真実から逃れようとしたか？──ソポクレス『オイディプス王』七三〇行（πρὸς τριπλαῖς ἁμαξιτοῖς）と関連して──」が発表された。『西洋古典学研究』、第四一号、一九九三年（現在は、『藤澤令夫著作集　Ⅲ』、岩波書店、二〇〇〇年、四三一─四四九頁）。さらに、その主張をも踏まえた岡道男の論考「オイディプースと真実──ソポクレース『オイディプース王』の劇構造を中心に──」が詳説された。『ギリシア悲劇とラテン文学』、岩波書店、一九九五年、三一─一一九頁。

右記以外のものとして、川島重成『アポロンの光と闇のもとに──ギリシア悲劇『オイディプス王』解釈』、三陸書房、二〇〇四年。本書にも、『オイディプス王』に対する詳細な読解のなか、岡の主張に対する言及がある。

（2） ヨッヘン・シュミット編の全集では、この詩は「付録」に配されている。シュミットの注釈によれば、この詩は、ヘルダーリンが精神を病んで以降、療養中の彼を訪問するようになったロマン派詩人ヴィルヘルム・ヴァイプリンガー（一八〇四―一八三〇）による小説『パエートン』にのみ認められる。ヴァイプリンガーがヘルダーリンの記したものを用いていることは着想や様式から確かであるが、ヘルダーリンの言葉そのままであるか、ヴァイプリンガーによる変更が加えられていないかどうかは確定されないと言う（HS1, 1095）。

（3） ハイデッガーは、本書で「送り遣わす」と訳した〈schicken〉の根本的な意味として、「ある道へともたらす（auf einen Weg bringen）」（GA7, 25）、「整える（bereiten）、秩序づける（ordnen）、各々ものを然るべきところへもたらす（jegliches dorthin bringen, wohin es gehört）、空所をひらく（einräumen）、導き入れる（einweisen）」（GA10, 90）等を挙げている。

（4） この文章に続く、「知るとは、しかし真理のうちに立つことができることを言う。真理とは存在するものの開顕性（Offenbarkeit）である。知るとは、〔…〕それに堪えることである」（GA40, 23）という言葉もまた、知によって自らの存在の真理のうちに立つに至り、その真理に堪えたオイディプスを彷彿させるものとして受け取ることができる。

（5） 神々と人間との間を自らの存在として引き受けざるを得ない半神が同時に詩人であるとすれば、本作品では、ことさらに重要な位置を占める盲目の予言者テイレシアスもまた、そこに重ね合わされるであろう。

（6） Karl Reinhardt: *Sophokles*, Klostermann, Frankfurt a.M., 5. unveranderte Aufl. 2006, S.108.

（7）一九三〇年に最初の講演がなされて以来、そのつど繰り返し練り上げられて一九四三年に論考として発表された「真理の本質について」を参照のこと（GA9, 177ff.）。なお、右記の講演ごとの原稿が全集版として公刊されている。GA80.1, 327ff.

（8）内山勝利編『ソクラテス以前哲学者断片集　第一分冊』、岩波書店、一九九六年、三四四頁。

第4章

（1）比較的近年の代表的なものとして、以下のものを挙げることができる。いずれも「ハイデッガーとソポクレス」を主題にしているが、題材は『アンティゴネ』を中心にしている。

Vladimir Vukićević: *Sophokles und Heidegger*, Metzler, Stuttgart, 2003.

Otto Pöggeler: *Schicksal und Geschichte, Antigone im Spiegel der Deutungen und Gestaltungen seit Hegel und Hölderlin*, Fink, München, 2004.

Hans-Christian Günther: „Heidegger und Sophokles", in: *Heidegger und die Antike*, hrsg. von Hans-Christian Günther und Antonios Rengakos Beck, München, 2006. S. 175-217.

（2）内山勝利編『ソクラテス以前哲学者断片集　第二分冊』、岩波書店、一九九七年、七九頁。

（3）古典文献学の領域では、『アンティゴネ』の主人公がアンティゴネかクレオンかをめぐる議論がなされている。両者の関係についての議論として、以下の論考から教示を受けた。岡道男「アンティゴネーとクレオーン」『ギリシア悲劇とラテン文学』、岩波書店、一九九五年、一二〇―一四〇頁。

（4）Otto Pöggeler, *a.a.O.*, S. 128ff.

（5）ハイデッガーとヤスパースの往復書簡における箇所は以下を参照。

Martin Heidegger/Karl Jaspers Briefwechsel 1920–1963, hrsg. von Walter Biemel und Hans Saner, Klostermann, Frankfurt am Main, 1990, S. 158f.
なお、合唱歌の哲学的考察として、以下を参照。森一郎「自然の力、人間の力」『死を超えるもの——3・11以後の哲学の可能性』、東京大学出版会、二〇一三年、九四—一二三頁。

（6）Otto Pöggeler, *a.a.O.*, S.137f. なお、ここで問題になっている撞着語法については、以下の邦語文献を参照されたい。
西山達也「アジールとしての翻訳——ヘルダーリン「ピンダロス断片とハイデガー——」、電子ジャーナル『Heidegger-Forum』Vol. 4, (http://heideggerforum.main.jp/ej4.html)。なお、同氏からは、別稿「悲劇『アンティゴネー』における反転の形象：ハイデガーとヘルダーリンによる翻訳を通じて」も頂戴し、参考にさせていただいたことをここに記して、お礼申し上げる。

（7）当該箇所「知の諸々の策謀」と訳した「策謀」の原語は、第2章第4節で当時の独自な技術理解を表すものとして「工作機構」の訳語を当てた〈Machenschaft〉である。

（8）〈polis〉と〈polos〉の語源確認には、以下の三つの辞典を参考にした。*A Lexicon abridged from Liddell and Scott's Greek–English Lexicon*, Oxford; Tokyo: Clarendon Press, 1871., Hjalmar Frisk, *Griechisches Etymologisches Wörterbuch*, Heidelberg, 1954–1972., Pierre Chantraine, *Dictionnaire étymologique de la langue grecque Histoire des mots*. Paris, Krincksieck, 1999. なお、後の二つの辞典の所在については、國方栄二氏からご助言と、Pdf データの提供を受けたことを、感謝とともに記させていただく。

（9）他の一般的な邦訳でも、次のように訳されている。「そもそも不可能を追い求めるのが間違いよ」。中務哲郎訳『アンティゴネー』、岩波書店、二〇一四年、二五頁。

（10）前掲注（3）参照。

第5章

（1）生命の豊穣と死の破滅とが共存する特異な神ディオニュソスは、ハイデッガーにおいても、本文で触れるように半神としての「苦悩（Leiden）」や「情熱（Leidenschaft）」を通してギリシア的なパトスに繋がるものであった。ディオニュソスという半神の詩作は、根本気分を通して民族の歴史的現存在を開くものである。

（2）葬儀の場で読むように選ばれた五つの詩句についての解釈としては、以下を参照。辻村公一「告別」『ハイデッガーの思索』、創文社、一九九一年、一二七―一七〇頁。

（3）オットーの記述を踏まえたディオニュソスの仮面の解釈、またそもそもオットーとハイデッガーの立場の対照については、関口浩氏の以下の二論考を参照。「神をめぐって」、大橋良介編『ハイデッガーを学ぶ人のために』、世界思想社、一九九四年、二九〇―三〇九頁。「ハイデッガーとW・F・オットー――神々と原初とについて」、日本哲学会編『哲学』一九九五巻、四六号、一九九五年、二一〇―二一九頁。両論考から多大な教示を得たことを記し、氏に謝意を示したい。

（4）Walter F. Otto, *Dionysos*, Klostermann, 4. Auflage, 1980, S. 82.

（5）A. a. O., S. 84.

（6）A. a. O.

第6章

（1） ニーチェが生理学的美学の「自然的なもの」と考えていたものが、偉大な時代のギリシア人が「デイノン」または「デイノタトン」と名づけたものだと語っていることは、『アンティゴネ』の「人間讃歌」を踏まえているものとして留意すべきだと思われる（GA43, 150）。ただしここでは、「無気味なもの（das Unheimliche）」ではなく「恐るべきもの（das Furchtbare）」の訳語を与えている。

（2） ニーチェは、五年後の第二版に付加した序文に、初版の「悲劇ガ始マル」を受ける仕方で「パロディーガ始マル（incipit parodia.）」と記した。したがって、そこだけ取るなら、ニーチェは、『ツァラトゥストラ』の位置づけを「悲劇」から「パロディー」に変えたように見える。ただし、第五書の締め括りに置かれた三八二番のアフォリズム「大いなる健康」には、ラテン語ではなくドイツ語で再び「悲劇が始まる」と記している。そのかぎり、「悲劇からパロディー」へというように一方向的に捉えるのではなく、須藤訓任のように、「悲劇にしてパロディー」として考察を進めることが妥当であると思われる。須藤訓任「ニーチェの「始まり」――INCIPIT…」、『ニーチェ――〈永劫回帰〉という迷宮』、講談社、一九九九年。

ハイデッガーは、パロディーについて何も語っていない。最終的に三八二番の「悲劇が始まる」に、小論で考察するように、ハイデッガーは『ツァラトゥストラ』をどこまでも「悲劇」と捉え、そのことの意味を追求していくのである。

ハイデッガー研究者でもある細川亮一は、『ツァラトゥストラ』の全体を主題として取り上げ、ハイデッガーの解釈を批判的に考察している。細川亮一『道化師ツァラトゥストラの黙示録』、九州大学出版会、二〇一〇年。

（3）『ツァラトゥストラ』を悲劇として受け止めるのが、ハイデッガーの徹底した立場である。一方、『ツァラトゥストラ』の本質を「笑い」に認めることは、テクストに即した読解として広く認められている。この観点からすれば、ハイデッガーに「笑い」の考察が見受けられないのは事実である。しかし、「悲劇」と「笑い」を一般的な語義で受け止めて、双方の読解的立場を相対立するように理解するのは、相応しくない。そのような見方は、『ツァラトゥストラ』の多様な「笑い」に含まれる生の深みを解さないように、ハイデッガーが『ツァラトゥストラ』に見ようとする創造者の運命とその知の立場を解さないものだと思われる。『ツァラトゥストラ』の「笑い」を宗教のレベルまで含めて受け止め、禅の「笑い」と比較考察したものとして次の論考がある。大橋良介「「悲」と「哄笑」――『ツァラトゥストラはこう語った』と禅――」『悲の現象論　序説』、創文社、一九九八年、一六一―一七七頁。

第7章

（1）「黒表紙のノート」「合図×考察（Ⅱ）と指示」には、『存在と時間』および二年後に公刊された通称三部作に対して、疎遠な感じを抱いていることが記されている（本書「序」五―六頁）。

（2）ハイデッガーは、この講義と同時期、一九四三年の論考「『形而上学とは何か』への後書き」の締め括りに、ソポクレスの『コロノスのオイディプス』最後のコロスのセリフを引くのだが、その際、この作品を「原初的なギリシア精神における最後の詩人の最後の詩作」（GA9, 312）と名づけている。これを文字通りに取れば、ハイデッガーにとっては、ソポクレスこそが原初的詩作の最後だった。

（3）ピンダロスへの関心もまた、ヘルダーリンによる影響が考えられる。ハイデッガーのピンダロスとの関わりについては、前掲「序」注（1）参照。

結

（1）古代ギリシアにおける悲劇と哲学との時代的継起および両者の内実的関係については、以下を参照。藤澤令夫「プラトン的対話形式の意味とその必然性——文学と哲学——」『藤澤令夫著作集 II』、岩波書店、二〇〇〇年、七三—一〇四頁。

索　引

・「人名索引」「事項索引」ともに、本文と注を対象とする。
・「人名索引」では、ハイデッガーは対象から除き、著作等のみを掲げる。講義録にかぎり、講義年次を記入する。また、アイスキュロス、ソポクレス、ニーチェ、ヘルダーリンについては、主要な章・節を独立して挙げ、その他主要な箇所を掲載する。
・本文で触れず注のみに挙げた研究者名は、「人名索引」から除く。
・作品中の人物名（主要なもののみ）は「事項索引」に掲載する。
・「事項索引」では、項目があまりに一般的で掲示箇所が多数に上り、索引として挙げる意味がほとんどないと思われるものについては、項目名の後に──を記す。頻出項目でも、本書の主題上明示すべきであると判断したものは主要箇所を掲載するが、該当箇所全てを網羅しているわけではない。
・下位項目は一文字分下げ、上位項目では拾わない。

人名索引

ア行

アイスキュロス Aischylos　1-3, 5, 7-8, 29, 第2章, 201, 211, 214, 223-224
　『エウメニデス』　223
　『プロメテウス』　2, 7, 29, 31-32, 34, 38-39, 46, 48, 54, 211
アウグスティヌス Augustinus　119
アナクシマンドロス Anaximandros　1, 3, 33-34, 98
アリストテレス Aristoteles　1-2, 6, 13, 20, 40, 166, 210
　『詩学』　2, 166, 210
　『ニコマコス倫理学』　40
ヴァイブリンガー Waiblinger, Wilhelm　227
　『パエートン』　227
ヴェイユ Weil, Simone　2
エウリピデス Euripides　3, 8, 147
　『バッカイ（バッコスに憑かれた女たち）』　8, 147
オットー Otto, Walter　140-142, 230
　『ギリシアの神々』　140
　『ディオニュソス』　140

カ行

カント Kant, Immanuel　13, 20

サ行

シェリング Schelling, Friedrich Wilhelm Joseph　2
ソクラテス Sokrates　27, 149, 223
ソポクレス Sophokles　1-3, 5, 7-8, 26-27, 29, 第3章, 第4章, 第5章, 211-212, 215, 232
　『アンティゴネ』　2, 7, 27, 55, 75, 第4章, 145-146, 201-202, 211, 228, 231
　『オイディプス王』　2, 7, 50, 第3章, 83, 115, 145, 168, 211, 226
　『コロノスのオイディプス』　232
ソロン Solon　26, 223

タ行 -21

デカルト Decartes, René　13, 20

ナ行

ニーチェ Nietzsche, Friedrich　2, 8-9, 53-54, 120-121, 128-129, 第6章, 第7章(1), 204, 211-212, 231
『偶像の黄昏』　155-156, 159, 162
『善悪の彼岸』　150, 162, 174, 191
『愉しい学問』　163, 165, 168, 172, 178
『ツァラトゥストラ』　8, 128, 150, 164, 166, 168-169, 172-174, 178, 181, 189, 192, 196, 231-232
『反キリスト者』　152, 176
『悲劇の誕生』　2, 8, 120, 149-151, 154-157, 161, 166, 181

ハ行

ハイデッガー Heidegger, Martin
『カントと形而上学の問題』　6
「黒表紙のノート」　4-7, 11, 24, 27, 29, 32, 35, 37-38, 41, 43, 50, 52, 54, 186, 190, 194, 196-198, 203, 223-224
『形而上学とは何か』　6, 22
「『形而上学とは何か』への後書き」　232
『形而上学入門』(1935年)　44, 56, 64, 73, 84-85, 88, 99, 226
「芸術作品の根源」　51, 83
「芸術の由来と思索の課題」　223
『根拠の本質について』　6
『思索とは何の謂いか』　192
「詩人は何のために」　124, 128
『西洋的思惟におけるニーチェの形而上学的根本立場――等しいものの永劫回帰』(1937年)　150, 162
『西洋哲学の原初――アナクシマンドロスとパルメニデスの解釈』(1932年)　34
『省慮』　32, 37, 45, 47, 54, 196, 199
『杣径』　124
『存在と時間［有と時］』　1, 4-7, 11-13, 15-17, 19-25, 28, 42-43, 45, 49, 72-73, 81-82, 85-86, 93, 136, 169, 185-186, 196, 206, 210
『哲学への寄与論稿(性起から)』　35, 45, 47, 52, 196-197, 199
「［ドイツの大学の］自己主張」　5, 27, 32, 35, 37, 44, 53, 96, 175
『ニーチェ』　150, 182, 183
『ニーチェ、力への意志』(1936/ 37年)　150
「ニーチェのツァラトゥストラは誰であるか」　182, 192
『パルメニデス』(1942/ 43年)　195
「ヘルダーリンと詩作の本質」　124
『ヘルダーリンの讃歌「イスター」』(1942年)　84, 99
『ヘルダーリンの讃歌「回想」』(1941/ 42年)　99, 142
『ヘルダーリンの讃歌「ゲルマーニエン」と「ライン」』(1934/ 35年)　56, 99, 122
『ヘルダーリンの詩作の解明』　130
「ヘルダーリンの大地と天空」　147, 204
パウロ Paulus　119
パルメニデス Parmenides　1, 3, 33-34, 50, 75-76, 78-79, 86-87, 98, 195
ヒトラー Hitler, Adolf　37, 203
ピンダロス Pindaros　1, 101, 199, 223, 232
プラトン Platon　1, 6, 27, 44, 50, 67, 162, 223-224
『国家』　27, 50, 223
ヘーゲル Hegel, Georg Wilhelm Friedrich　2
ペゲラー Pöggeler, Otto　88
ヘシオドス Hesiodos　33, 104
『仕事と日』　33
『神統記』　33
ヘラクレイトス Herakleitos　1, 3, 33, 76, 78-79, 86-87, 98
ペリアンドロス Periandros　45
ヘルダーリン Hölderlin, Friedrich　2-3, 5, 8-9, 29, 52, 第3章, 第4章, 第5章, 第7章(1), 196, 202, 204-206, 232

「あたかも祝いの日のように……」 130, 133, 144
『アンティゴネへの注解』 56, 58-59, 63
「イスター」 99, 102, 116, 126
『エンペドクレスの死』 83
『オイディプスへの注解』 56, 58-59, 63
「ゲルマーニエン」 56, 99, 122, 125, 138, 146
「快き青さのなかに……」 57-58, 69, 73, 115, 132, 146, 148
「ソポクレス」 29, 145-146
「パンと葡萄酒」 122, 125-126, 144
「ムネーモシュネー」 212
「ライン」 69, 71, 99, 126-127, 130, 134-135, 137-139, 142, 144
ベーレンドルフ Böhlendorff, Casimir Ulrich 100, 158
ヘリングラート Hellingrath, Norbert von 130
ベンヤミン Benjamin, Walter 2
ホメロス Homeros 1, 104, 223

ヤ行
ヤスパース Jaspers, Karl 88-89

ラ行
ラインハルト Reinhardt, Karl 75-76
『ソポクレス』 75
ルター Luther, Martin 119

ワ行
ワーグナー Wagner, Richard 149, 154, 156

事項索引

あ行
空け開け Lichtung 49-51, 212, 214
アーテー 77, 95, 98
アポロン Apollo 61, 72, 74, 80-81, 147
アポロン的［なもの］apollinisch 8, 120, 149-151, 155-158, 188, 191
アルケー 107-109
アレーテイア 25, 35-36, 49-50, 64-65, 153
非覆蔵性 Unverborgenheit 65, 68, 73, 76, 153, 169, 171, 196
アンティゴネ Antigone 87-88, 99, 103, 107-117, 133, 147
異郷 Fremde、異郷的 fremd 100-101, 106, 109, 138, 158, 215
移行 Übergang 24, 54, 121, 128, 169, 173-174, 178, 181, 189-194, 196-197, 207
遺産 Erbe 9, 16, 18, 20-21
運命 Schicksal 2, 5-7, 13-24, 26-28, 37-40, 43, 52, 69, 72, 77, 82, 116, 134, 136, 142, 144, 171, 184, 206, 210, 213
運命愛 amor fati 183-184
永劫回帰 Wiederkunft 8, 150-151, 162-165, 167-180, 184, 189-192
等しいものの永劫回帰 die ewige Wiederkunft des Gleichen 150, 162-163, 168, 179-181, 183, 189-190
オイディプス Oedipus 53, 57-59, 61-62, 68-69, 71-74, 80-82, 115-116, 133, 146-147, 214

か行
家郷 Heimat、家郷的 heimisch 93-94, 97, 100-101, 106, 108, 110-111, 113-114, 116-117, 138, 147, 158, 215
仮象 Schein 56, 64, 67-68, 74-78, 81, 85, 97, 154, 160
神 Gott、神々 Götter 2, 34, 52, 69, 81, 119-120, 162, 174-177, 191
神は死んだ Gott ist tot.、神の死 Tod Gottes 53-54, 129, 153, 164, 175-176, 193
最後の神 der letzte Gott 47, 52, 120, 198, 224
神的な者たち die Göttlichen 120,

148, 204-205
仮面 Maske　138-142
河流 Strom　99, 101, 103, 121, 125
危険 Gefahr　60, 63, 111, 132
技術 Technik　33, 39, 45, 49, 97, 214
気遣い Sorge　45, 101
共存在 Mitsein　→存在
ギリシア悲劇　→悲劇
キリスト Christus　52, 120, 129, 135
キリスト教 Christentum　54, 119-120, 122, 129, 153, 176, 179
苦悩 Leiden　53, 69-70, 136, 146-147, 230
芸術 Kunst　51, 151-152, 154-157, 159, 166
決意性 Entschlossenheit　16, 42, 73, 196
先駆的決意性 die vorlaufende Entschlossenheit　16, 20-22
激情 Leidenschaft　68-70, 74
現出 Erscheinung, Erscheinen　65-66, 68, 76, 141, 206
原初 Anfang　6, 12, 14, 24, 26, 29, 32-33, 35, 48-49, 53, 56, 64-65, 74, 76, 107, 109, 121, 181, 196
第一の原初 der erste Anfang　6, 12, 24, 191, 198
別の原初 der andere Anfang　6, 12, 24, 181, 198, 224
原初的な思索者たち die anfänglichen Denker　1, 3, 9, 33, 202, 211
現象学 Phänomenologie　49, 85-86
現存在 Dasein　——
工作機構 Machenschaft　44, 46-47, 49, 51, 202, 229
言葉 Sprache　57-63

さ行

最後の神　→神、神々
死 Tod　16-18, 73, 97, 103, 112, 116, 119, 136, 192, 205-206
死への先駆 Vorlaufen zum Tode　18
死への存在 Sein zum Tode　20-22, 136
死すべき者たち die Sterblichen　136, 148, 204-206
時間性 Zeitlichkeit　13, 17, 25, 81
詩作 Dichten　——
詩人 Dichter　108, 121, 124-125, 128, 133, 138, 171, 193, 215
四方界 Geviert　136, 148, 204-205
自由 Freiheit　2, 16-18
集立、総かり立て体制 Ge-stell　202, 204
祝祭 Fest　138, 142-144, 146-147
瞬間 Augenblick　173, 176, 179
性起［の出来事］Ereignis　35, 47, 143, 188, 213
世界の性起 Weltereignis　32, 25-26
真理 Wahrheit　——
生起 Geschehen, Geschehnis、生起する geschehen　5, 12, 17, 22-23
世界の生起 Weltgeschehnis　36
存在の生起 Seinsgeschehnis　12, 16, 24-26, 35-36, 186
聖なるもの das Heilige、聖なる heilig　125, 143-145, 158
ゼウス Zeus　33-34, 46, 53, 114, 132
世界 Welt　——
世界内存在 In-der-Welt-sein　17, 35, 201, 211, 214
先駆的決意性　→決意性
存在、有 Sein
共存在 Mitsein　19, 21, 23, 82
全体における有るもの das Seiende im Ganzen　40, 45, 93, 95-97, 152, 171, 173, 179-180, 184, 189, 201
非存在 Nichtsein　62-63, 78

た行

戦い Kampf　63, 68-69, 74-75, 79-80, 96, 173, 187
力への意志 Wille zur Macht　151-154, 157, 160-161, 163, 180-181, 183, 190
超人 Übermensch　70, 130, 161, 163, 176-177, 190-193

ツァラトゥストラ Zarathustra　169-176, 178, 189, 192
ディケー　34-35, 97-98, 114, 136
ディオニュソス Dionysos　52, 54, 120-122, 125-133, 135, 138-144, 147-149, 151, 155-158, 182, 188, 191, 193, 212
　ディオニュソス的［なもの］ dionysisch　8, 120, 150-151, 156-157, 183
デイノン　27, 32, 93-95, 97-98, 104-105, 108, 111-112, 114, 202, 231
テクネー　39-40, 44-45, 48-51, 96-98, 201, 214
とき性 Temporalität　13, 20

な行

ニヒリズム Nihilismus　53, 120, 129, 148, 151, 153-154, 156-158, 161-165, 171, 173, 176, 179, 184, 189, 200, 212

は行

バッコス Bacchus　120, 131, 144, 147
半神 der Halbgott. die Halbgötter　52, 69-70, 74, 120-121, 129-130, 132, 138-139, 142, 144, 147, 174, 191, 193
悲劇 Tragödie、悲劇的 tragisch　3, 24, 52, 142-143, 146-147, 149-152, 162, 164-165, 167-168, 179, 181, 184, 194-196, 203-204, 209
　ギリシア悲劇 die griechische Tragödie　2-5, 7-9, 26, 31, 87, 120, 147-149, 151, 189, 199, 203, 209-210, 215
被投的企投 der geworfene Entwurf　17-18, 71
等しいものの永劫回帰　→永劫回帰
非存在　→存在
非覆蔵性　→アレーテイア
ピュシス　48, 64-66, 85-87, 95, 104, 131, 152, 201, 226
不安 Angst　18, 22, 25, 28, 93
無気味さ Unheimlichkeit、無気味 unheimlich　18, 25, 27-28, 89, 91-98, 103-108, 110, 112-113, 115, 202, 212
覆蔵性 Verborgenheit　36, 39, 65, 68, 73, 82, 153, 170, 211
プロメテウス Prometheus　2, 32-33, 36, 39, 41-42, 44-46, 49-53, 224
ヘラクレス Herakles　52, 129, 135
没落 Untergang　54, 69, 128, 168, 172-174, 177-178, 189-190, 192-199
ポリス　106, 112-113, 115-116, 146-147, 202
本質現成 Wesung　26, 36, 114, 195
本質歪曲 Verwesung　26, 29, 32, 36, 44, 199

ま行

迷い Irre　25, 50, 77, 199
民族 Volk　21, 28, 37-39, 42, 82, 121, 128, 136-137, 158, 186, 211-212
無 Nichts　18, 22, 78-79, 165, 190

ら行

歴史 Geschichte　——
　存在の歴史 Seinsgeshichte、存在《あり》の歴史 Seynsgeschichte　7, 12, 17, 19, 54, 71, 128, 159, 184-185, 188-189, 191, 194, 196, 199-200, 202
歴史性 Geschichtlichkeit　5, 13, 19-20, 23, 82, 136
歴史的運命 Geschick　5-6, 14, 19-24, 28, 43, 82, 136-137, 184, 186, 200-201, 210, 213
　存在の歴史的運命 Seinsgeschick　7, 71, 200, 212
ロゴス　49, 85-86

文献表

(本文と注で言及したものに限り、表題だけのものは排除した。)

1. 欧語文献

(1) テクスト

ハイデッガー

『存在と時間』についてはSZの略号と頁数、それ以外の著作は下記の全集版に従い、GAの略号の後に巻数と頁数を記す。

Martin Heidegger：*Sein und Zeit*, 16. Aufl., Max Niemeyer, 1986.

Martin Heidegger：*Martin Heidegger Gesamtausgabe*, Klostermann, 1975-.

Martin Heidegger/ Karl Jaspers Briefwechsel 1920-1963, hrsg. von Walter Biemel und Hans Saner, Klostermann, Frankfurt am Main, 1990.

ヘルダーリン

引用は、以下の全集版によって、HSの略号の後に巻数と頁数を引用文の後の括弧内に記す。具体的な詩作品から引く場合は、連番号をローマ数字、行数を算用数字で記し、その後にハイデッガーのテクストの引用箇所を、上記の方針に従って記載した。

Friedrich Hölderlin：*Hölderlin Sämtliche Werke und Briefe* in drei Bänden, hrsg. von Jochen Schmidt, Deutscher Klassiker Verlag, 1994.

ニーチェ

以下の全集に則って、著作からの引用はKSAの略号の後に巻数と頁数、あるいは下記の略号とともにアフォリズム番号を記す。遺稿からの引用は、慣例の表記に従った。

Friedrich Nietzsche：*Sämtliche Werke, Kritische Studienausgabe in 15 Bänden*, hrsg. von Giorgio Colin und Mazzino Montinari, de Grutyer, 1966-67 und 1988.

FW：Die fröhliche Wissenschaft

JGB：Jenseits von Gut und Böse

書簡からの引用は KSB の略号の後に巻数と頁数を記す。

Friedrich Nietzsche：*Sämtliche Briefe, Kritische Studienausgabe in 8 Bänden*, hrsg. von Giorgio Colin und Mazzino Montinari, de Grutyer, 1975ff.

以上の文献からの引用については、邦訳のあるものは邦訳を参照したが、訳はすべて筆者に依るものである。

アイスキュロス

Aischylos, *Der gefesselte Prometheus, Die Schutzsuchenden*, Übersetzung, Anmerkungen und Nachwort von Walter Kraus, Reclam, Stuttgart, 1965.

Aischylos, *Aischylos Tragödien*, übersetzt von Oskar Werner, hrsg. von Bernhart Zimmermann, Artemis & Winkler, Mannhaiem, 7. überarbeitete Aufl., 2017.

(2) 著書・論文・辞典

Günther, Hans-Christian : „Heidegger und Sophokles", in: *Heidegger und die Antike*, hrsg. von Hans-Christian Günther und Antonios Rengakos Beck, München, 2006.

Chantraine, Pierre Louis :*Dictionnaire étymologique de la langue grecque Histoire des mots*. Paris, Krincksieck, 1999.

Frisk, Hjalmar: *Griechisches Etymologisches Wörterbuch*, Heidelberg, 1954-1972.

Liddell, Henry George und Scott, Robert: *A Lexicon abridged from Liddell and Scott's Greek-English Lexicon*, Oxford; Tokyo: Clarendon Press, 1871.

Otto, Walter Friedrich : *Dionysos*, Klostermann, 4. Auflage, 1980.

Pöggeler, Otto: *Schicksal und Geschichte. Antigone im Spiegel der Deutungen und Gestaltungen seit Hegel und Hölderlin*, Fink, München, 2004.

Reinhardt, Karl: *Sophokles*, Klostermann, Frankfurt a.M., 5. unveranderte Aufl. 2006.

Specht, Franz: *Beiträge zur griechischen Grammatik*, in: Zeitschrift für vergl. Sprachforschung. Bd. 59, Göttingen/ Vandenhoeck & Ruprecht, 1932.

Theophrastus : *Theophrasti Eresii opera, quae supersunt, omnia* : graeca recensuit latine interpretatus est, indices rerum et verborum absolutissimos adjecit Fridericus Wimmer, ed. Firmin-Didot, 1931.

Vukićević, Vladimir: *Sophokles und Heidegger*, Metzler, Stuttgart, 2003.

2. 邦語文献

(1) テクスト邦訳

内山勝利編『ソクラテス以前哲学者断片集　第一分冊』、岩波書店、1996年。

同上　　『ソクラテス以前哲学者断片集　第二分冊』、岩波書店、1997年。

中務哲郎訳『アンティゴネー』、岩波書店、2014年。

松平千秋、久保正彰、岡道男編集『ギリシア悲劇全集』、岩波書店、1990-1993年。

山本光雄編訳『初期ギリシア哲学者断片集』、岩波書店、1958年。

(2) 著書・論文・解説・事典

伊藤照夫「縛られたプロメテウス」解説、『ギリシア悲劇全集2』、岩波書店、1991年。

大橋良介「「悲」と「哄笑」──『ツァラトゥストラはこう語った』と禅──」、『悲の現象論　序説』、創文社、1998年。

岡道男「オイディプース王」解説、『ギリシア悲劇全集3』、岩波書店、1993年。

同上「アンティゴネーとクレオーン」、『ギリシア悲劇とラテン文学』、岩波書店、1995年。

同上「オイディプースと真実──ソポクレース『オイディプース王』の劇構造を中心に──」、前掲書。

川島重成『アポロンの光と闇のもとに──ギリシア悲劇『オイディ

プス王』解釈』、三陸書房、2004年。

斎藤慶典『私は自由なのかもしれない』、慶應義塾大学出版会、2018年。

須藤訓任『ニーチェ――〈永劫回帰〉という迷宮』、講談社、1999年。

関口浩「神をめぐって」、大橋良介編『ハイデッガーを学ぶ人のために』、世界思想社、1994年。

同上「ハイデッガーとW・F・オットー――神々と原初とについて」、日本哲学会編『哲学』1995巻、46号、1995年。

辻村公一「告別」、『ハイデッガーの思索』、創文社、1991年。

轟孝夫『ハイデガーの超-政治――ナチズムとの対決／存在・技術・国家への問い』、明石書店、2020年。

西山達也「アジールとしての翻訳――ヘルダーリン「ピンダロス断片とハイデガー――」、電子ジャーナル『Heidegger-Forum』Vol. 4（http://heideggerforum.main.jp/ej4.html）、2010年。

ハイデガー・フォーラム編『ハイデガー事典』、昭和堂、2021年。

藤澤令夫「プラトン的対話形式の意味とその必然性――文学と哲学――」、『藤澤令夫著作集　II』、岩波書店、2000年。

同上『世界観と哲学の基本問題』「第III章　技術」、『藤澤令夫著作集　III』、岩波書店、2000年。

同上「オイディプスは真実から逃れようとしたか？――ソポクレス『オイディプス王』七三〇行（πρὸς τριπλαῖς ἁμαξιτοῖς）と関連して――」、前掲書。

細川亮一『道化師ツァラトゥストラの黙示録』、九州大学出版会、2010年。

森一郎「自然の力、人間の力――『アンティゴネー』の「人間讃歌」をめぐって」、『死を超えるもの――3・11以後の哲学の可能性』、東京大学出版会、2013年。

秋富　克哉（あきとみ　かつや）

1962年、山口県生まれ。1991年、京都大学大学院博士後期課程研究指導認定退学。現在、京都工芸繊維大学教授。哲学専攻。京都大学博士（文学）

主な著訳書
著書は『芸術と技術　ハイデッガーの問い』（創文社、2005年）、『原初から／への思索——西田幾多郎とハイデッガー』（放送大学教育振興会、2022年）、共編著として『ハイデッガー『存在と時間』の現在　刊行80周年記念論集』（南窓社、2007年）、『ハイデガー読本』（法政大学出版局、2014年）、『続・ハイデガー読本』（法政大学出版局、2016年）、『ハイデガー事典』（昭和堂、2021年）がある。共訳書は『ハイデッガー全集第50巻　ニーチェの形而上学／哲学入門』（創文社、2000年）、『ハイデッガー全集第65巻　哲学への寄与論稿（性起から〔性起について〕）』（創文社、2005年）。

学術選書

ハイデッガーとギリシア悲劇　学術選書 111

2023年6月15日　初版第1刷発行

著　　者…………秋富 克哉
発 行 人…………足立 芳宏
発 行 所…………京都大学学術出版会
京都市左京区吉田近衛町69
京都大学吉田南構内（〒606-8315）
電話（075）761-6182
FAX（075）761-6190
振替 01000-8-64677
URL http://www.kyoto-up.or.jp

印刷・製本…………㈱太洋社
装　　幀…………上野かおる

ISBN 978-4-8140-0477-5
定価はカバーに表示してあります

学術選書［既刊一覧］

＊サブシリーズ「心の宇宙」→心 「諸文明の起源」→諸
「宇宙と物質の神秘に迫る」→宇

001 土とは何だろうか？ 久馬一剛
002 子どもの脳を育てる栄養学 中川八郎・葛西奈津子
003 前頭葉の謎を解く 船橋新太郎 心1
006 古代アンデス 権力の考古学 関 雄二 諸12
007 見えないもので宇宙を観る 小山勝二ほか 編著 宇1
008 地域研究から自分学へ 高谷好一
009 ヴァイキング時代 角谷英則 諸9
010 GADV仮説 生命起源を問い直す 池原健二
011 ヒト 家をつくるサル 榎本知郎
012 古代エジプト 文明社会の形成 高宮いづみ 諸2
013 心理臨床学のコア 山中康裕 心3
014 古代中国 天命と青銅器 小南一郎 諸5
015 恋愛の誕生 12世紀フランス文学散歩 水野 尚
016 古代ギリシア 地中海への展開 周藤芳幸 諸7
018 紙とパルプの科学 山内龍男
019 量子の世界 川合 光・佐々木節・前野悦輝ほか編著 宇2
020 乗っ取られた聖書 秦 剛平
021 熱帯林の恵み 渡辺弘之
022 動物たちのゆたかな心 藤田和生 心4
023 シーア派イスラーム 神話と歴史 嶋本隆光
024 旅の地中海 古典文学周航 丹下和彦
025 古代日本 国家形成の考古学 菱田哲郎 諸14
026 人間性はどこから来たか サル学からのアプローチ 西田利貞
027 生物の多様性ってなんだろう？ 生命のジグソーパズル 京都大学総合博物館 京都大学生態学研究センター編
028 心を発見する心の発達 板倉昭二 心5
029 光と色の宇宙 福江 純
030 脳の情報表現を見る 櫻井芳雄 心6
031 アメリカ南部小説を旅する ユードラ・ウェルティを訪ねて 中村紘一
032 究極の森林 梶原幹弘
033 大気と微粒子の話 エアロゾルと地球環境 笠原三紀夫 東野 達 監修
034 脳科学のテーブル 日本神経回路学会監修／外山敬介・甘利俊一・篠本滋編
035 ヒトゲノムマップ 加納 圭

036 中国文明 農業と礼制の考古学 岡村秀典 諸 6
037 新・動物の「食」に学ぶ 西田利貞
038 イネの歴史 佐藤洋一郎
039 新編 素粒子の世界を拓く 湯川・朝永から南部・小林・益川へ 佐藤文隆 監修
040 文化の誕生 ヒトが人になる前 杉山幸丸
041 アインシュタインの反乱と量子コンピュータ 佐藤文隆
042 災害社会 川崎一朗
043 ビザンツ 文明の継承と変容 井上浩一 諸 8
044 江戸の庭園 将軍から庶民まで 飛田範夫
045 カメムシはなぜ群れる？ 離合集散の生態学 藤崎憲治
046 異教徒ローマ人に語る聖書 創世記を読む 秦 剛平
047 古代朝鮮 墳墓にみる国家形成 吉井秀夫 諸 13
048 王国の鉄路 タイ鉄道の歴史 柿崎一郎
049 世界単位論 高谷好一
050 書き替えられた聖書 新しいモーセ像を求めて 秦 剛平
051 オアシス農業起源論 古川久雄
052 イスラーム革命の精神 嶋本隆光
053 心理療法論 伊藤良子 心 7
054 イスラーム 文明と国家の形成 小杉 泰 諸 4
055 聖書と殺戮の歴史 ヨシュアと士師の時代 秦 剛平
056 大坂の庭園 太閤の城と町人文化 飛田範夫
057 歴史と事実 ポストモダンの歴史学批判をこえて 大戸千之
058 神の支配から王の支配へ ダビデとソロモンの時代 秦 剛平
059 古代マヤ 石器の都市文明［増補版］ 青山和夫 諸 11
060 天然ゴムの歴史 ヘベア樹の世界一周オデッセイから「交通化社会」へ こうじや信三
061 わかっているようでわからない数と図形と論理の話 西田吾郎
062 近代社会とは何か ケンブリッジ学派とスコットランド啓蒙 田中秀夫
063 宇宙と素粒子のなりたち 糸山浩司・横山順一・川合 光・南部陽一郎
064 インダス文明の謎 古代文明神話を見直す 長田俊樹
065 南北分裂王国の誕生 イスラエルとユダ 秦 剛平
066 イスラームの神秘主義 ハーフェズの智慧 嶋本隆光
067 愛国とは何か ヴェトナム戦争回顧録を読む ヴォー・グエン・ザップ著・古川久雄訳・解題
068 景観の作法 殺風景の日本 布野修司
069 空白のユダヤ史 エルサレムの再建と民族の危機 秦 剛平
070 ヨーロッパ近代文明の曙 描かれたオランダ黄金世紀 樺山紘一 諸 10
071 カナディアンロッキー 山岳生態学のすすめ 大園享司
072 マカベア戦記㊤ ユダヤの栄光と凋落 秦 剛平
073 異端思想の500年 グローバル思考への挑戦 大津真作

074 マカベア戦記㊦ ユダヤの栄光と凋落 秦 剛平
075 懐疑主義 松枝啓至
076 埋もれた都の防災学 都市と地盤災害の2000年 釜井俊孝
077 集成材〈木を超えた木〉開発の建築史 小松幸平
078 文化資本論入門 池上 惇
079 マングローブ林 変わりゆく海辺の森の生態系 小見山 章
080 京都の庭園 御所から町屋まで㊤ 飛田範夫
081 京都の庭園 御所から町屋まで㊦ 飛田範夫
082 世界単位 日本 列島の文明生態史 高谷好一
083 京都学派 酔故伝 櫻井正一郎
084 サルはなぜ山を下りる？ 野生動物との共生 室山泰之
085 生老死の進化 生物の「寿命」はなぜ生まれたか 高木由臣
086 ?👁! 哲学の話 朴 一功
087 今からはじめる哲学入門 戸田剛文 編
088 どんぐりの生物学 ブナ科植物の多様性と適応戦略 原 正利
089 何のための脳？ AI時代の行動選択と神経科学 平野丈夫
090 宅地の防災学 都市と斜面の近現代 釜井俊孝
091 発酵学の革命 マイヤーホッフと酒の旅 木村 光
092 股倉からみる『ハムレット』 シェイクスピアと日本人 芦津かおり
093 学習社会の創造 働きつつ学び貧困を克服する経済を 池上 惇
094 歌う外科医、介護と出逢う 肝移植から高齢者ケアへ 阿曽沼克弘
095 中国農漁村の歴史を歩く 太田 出
096 生命の惑星 ビッグバンから人類までの地球の進化㊤ C・H・ラングミューアーほか著 宗林由樹 訳
097 生命の惑星 ビッグバンから人類までの地球の進化㊦ C・H・ラングミューアーほか著 宗林由樹 訳
098 「型」の再考 科学から総合学へ 大庭良介
099 色を分ける 色で分ける 日高杏子
100 ベースボールと日本占領 谷川建司
101 タイミングの科学 脳は動作をどうコントロールするか 乾 信之
102 乾燥地林 知られざる実態と砂漠化の危機 吉川 賢
103 異端思想から近代的自由へ 大津真作
104 日本書紀の鳥 山岸 哲・宮澤豊穂
105 池上四郎の都市計画 大阪市の経験を未来に 池上 惇
106 弁論の世紀 古代ギリシアのもう一つの戦場 木曽明子
107 ホメロスと色彩 西塔由貴子
108 女帝と道化のロシア 坂内徳明
109 脳はどのように学ぶのか 教育×神経科学からのヒント 乾 信之
110 デザインは間違う デザイン方法論の実践知 松下大輔
111 ハイデッガーとギリシア悲劇 秋富克哉